생태운동가 아빠가 들려주는 DMZ의 생명과 평화 이야기

얘들아, DMZ에서 공을 차자!

한울림

헌사

이 책은 우리 연구소에서 일하다 인제군에 있는 '한국DMZ평화생명동산'으로 가족과 함께 삶터를 옮긴 황호섭 국장과 연구소의 DMZ 조사를 책임지고 있는 손성희 연구원의 다년간에 걸친 꾸준한 조사와 탐방의 결과물이다. 김동언 연구원도 자료조사에 힘써주었다. 멋진 사진자료를 제공해 준 박형욱 씨와 이 책이 세상 밖으로 나올 수 있도록 함께한 이들에게 진심으로 감사드린다. 이 책을 아들 태훈, 그의 친구 재홍, 기훈이에게 바친다.

애들아, DMZ에서 공을 차자!

당신이 고맙습니다

제가 가고 싶은 길을 당신이 갑니다.
제가 담고 바라보고 싶은 풍경들을 당신이 봅니다.
제가 나누고 싶은 말들을 당신이 대신 속삭여주고
제가 외치고 싶은 소리들을 당신이 힘껏 세상에 날려 보내고 있습니다.

DMZ에 생명과 평화를, DMZ를 통해 온 누리에 생명과 평화를…….
얼마나 가슴 두근거리는 말입니까.
얼마나 간절하게 바라고 소망하는 것입니까.

그곳의 생명들에겐 철조망도 총구도 의미가 없습니다.
분단선이니 중립지대니, 경계선이니 하는 것도 참으로 하잘 것 없습니다.

자유와 풍요, 고요함과 공존만이 존재하며 절대적으로 중요할 뿐입니다.
DMZ 생명들은 우리 인간들이 지향해야 할 바를,
남과 북으로 갈라진 이 슬픈 분단국가가 나아가야 할 바를 분명하게 말하고 있습니다.

그러나 지금 DMZ는 위태롭습니다.
개발과 탐욕에 절은 불온한 욕망들이 대놓고 꿈틀대며
이제 이곳마저 호시탐탐 집어삼키려 하고 있습니다.
후손 만만대대 보여주고 누리게 하고 싶은 이곳을 놓고
보이지 않는 손익계산이 끊임없이 오갑니다.

하지만 당신이 있어 DMZ 생태계의 소중함과 아름다움을 생생하게 느낍니다.
당신과 더불어 생명과 평화를 한마음으로 외치는 동반자가 되리라 다짐합니다.

문규현 신부, (사)생명평화마중물 대표

차례

여는 글

애들아, 어느 고고학자는 인류를 두 가지로 정의했어. 하나는 가만있지 못하는 동물이라는 거고, 다른 하나는 직립보행, 즉 서서 다니는 동물이라는 거야. 정말 적절한 해석이지? 배고프면 먹을 것을 찾고 배부르면 안식을 취하는 다른 동물들과 달리, 자연의 소리를 흥얼거림으로 상상하다가 리듬이 있는 노래를 만들었고, 망각에서 벗어나기 위해 동굴에 기호를 남기다가 정교한 글과 그림을 창조했으니까. 끊임없이 행동하고 생각하면서 진화와 진보를 거듭하여 오늘날의 발전된 인류문명을 창조했으니까.

이제 시간과 공간을 옮겨 우리 땅이지만 갈 수도, 볼 수도 없는 비무장지대에 대해 상상해보자. 왜 갈 수 없을까? 남북이 서로 무시무시한 무기를 들고 대치하고 있으니까. 그러면 총을 내려놓으면 되지 않나? 말이 쉽지, 그렇게 쉬웠다면 서로 대포를 쏴댔을까. 그러면 어떻게 해야 하지? 시간이 지나면 해결될까? 아니, 그렇지는 않을 것 같아. 뭔지 모르겠지만 변화가 필요해. 어떻게? 생각을 해봐야지. 상상 말이야. 서로 죽이는 전쟁과 같은 나쁜 상상 말고 무언가 즐거운 상상을……. 평화로 가는 상상, 생명을 존중하는 상상, 공존의 상상 말이야.

9

얘들아, DMZ에서 공을 차는 상상을 해보면 어떨까? 아시아를 대표하여 영국에서 뛰고 있는 세계적인 선수 박지성, 부모의 국적인 남한이 아닌 북한의 대표로 독일에서 활약하고 있는 정대세 선수, 그리고 아시안게임 결승전에서 환상적인 발리슛으로 골 망을 갈랐던 일본대표 이충성 선수, 이들이 DMZ에 모여 축구를 한다면? 철조망 전부를 걷어내지 못한다면 조금만이라도 걷어내고 공을 차는 거야. 이 광경이 전 세계에 퍼진다면 지구촌 전체가 열광하지 않을까? 이왕 상상하는 거, 외국의 유명한 축구선수들도 초청하는 거야. 모두 한달음에 달려오겠지? DMZ에서 공을 찰 수 있는 기회가 어디 쉽게 오겠어. 물론 우리도 여기서 같이 뛰는 거지. 왜? 축구는 평화니까. 축구공 하나로 세계가 하나가 되는 거야.

아시아 국가 축구팬들은 박지성 선수의 축구경기를 보고 환호해. 월드컵에서 북한 국가를 부르며 눈물을 흘린 정대세 선수, 북한대표 선수이지만 많은 국민들이 그를 좋아하고 더 잘해서 훌륭한 선수가 되라고 응원하잖아. 그리고 또 한 명의 주인공 이충성 선수. 일본에 귀화해서 일본대표 선수가 됐지만, 이충성은 일본과 남북한 세 개의 조국을 가슴에 안고 공을 찬다고 말했어. 이들과 우리가 함께 한다면 얼마나 즐거울까. 상상만으로도 벌써 흥분되지 않니?

오라, DMZ로! 가자, DMZ로! 모여서 공을 차자! 나는 이런 구호를 외치고 싶어. 축구공 하나로 남북이 하나가 될 수는 없을지도 몰라. 그러나 정치도 아니고 군사적인 무력행사는 더더욱 아닌, 축구공으로 모이고 서로 경쟁한다면 행복하지 않을까.

참, 축구장이 필요하겠네. 비무장지대 안에 있는 판문점은 남북한 공동 경비구역. 경의선 철도가 지나는 곳은 남북한 공동관리구역. 그렇다면 축구 장은, 당연히 남북한 공동운동장이겠지. 생태계를 보전해야 하는 DMZ에 축 구장을 지어서는 안 된다고 생각하는 지독한 환경운동가들도 있을 수 있어. 하지만 너무 걱정하지 않아도 돼. 그 정도로는 생태계가 파괴되지 않으니까. 축구장의 함성으로 주변 동물들이 놀랄 수도 있다고? 축제 분위기의 즐거운 소란은 그들 역시 즐기지 않을까. 주변 생명들도 함께 관중이 되는 거지.

　DMZ로 공을 차러 가는 길은 마냥 즐겁단다. 파주의 길목에서는 저어 새와 고개를 좌우로 흔들며 인사를 나누고, 철원의 길목에서는 두루미의 고 고한 날개짓을 감상하며, 양구로 들어가는 산 정상에서는 펀치볼을 보며 고 대 외계인이 타고 온 UFO을 상상하는 거야. 두타연에서 잠시 쉬면서 1급수 에 사는 어름치가 헤엄치는 시원한 물에 손을 담가보자. 인제에 있는 DMZ 평화생명동산에 들러 전시관도 둘러보자. DMZ로 가는 어느 길에서도 전쟁 과 파괴의 폐허에서 다시 되살아난 활기찬 생명을 느낄 수 있을 거야.

　더욱더 상상력을 발휘해보자. 상상 속에 즐거움이 넘쳐난다. 이 즐거운 상상에 우리 모두 흠뻑 빠져보자.

연남동 연구소에서 박진섭

변화하는 남북관계, DMZ는 전쟁 중?

아빠, 저는 요즘 전쟁과 평화에 대해 많은 생각을 하고 있어요. 세계 여러 나라에서 전쟁이 계속되고 있다는 이야기를 들을 때만 해도 남의 이야기 같았거든요. 그런데 얼마 전 연평도에서 포격으로 사람들이 죽었잖아요. 막상 제 주변에서 전쟁이 일어날지 모른다는 소리를 들으니까 너무 무섭고 불안해요. 저는 전쟁이 싫어요! 왜 갑자기 이런 일들이 벌어지는 거죠?

그래, 아빠 마음도 참으로 착잡하구나. 일어나지 말아야 할 사건이 자꾸 생기니까 걱정이 많단다. 네 말대로 연평도 포격사태 이후 많은 사람든이 불안해하고 있지. 남북한뿐만 아니라 주변국인 일본과 중국 등도 상당히 불안해하고 있단다. 그런데 무엇보다도 북한의 연평도 포격으로 희생당한 군인들과 민간인들에게 깊은 애도를 표하는 것이 우선이겠지. 게다가 연평도에서 평화롭게 살고 있던 주민은 집과 생계를 포기한 채 육지로 대피할 정도였으니 얼마나 힘들었겠니. 남한군의 대응사격으로 북한 병사들도 죽었다고 하는데, 참으로 안타까운 일이야.

1950년에 한국전쟁이 발발하고 1953년에 정전협정이 체결된 이후에도 많은 사건들이 발생했지만, 아빠 기억으로는 서로 상대방의 지역에 무차별적으로 포탄을 쏘는 대규모 무력충돌은 없었단다. 그런데 2010년 11월에 연평도 포격사건이 발생한 거야. 얼마나 놀랍고 경악할 일이니.

연평도 사건을 살펴보니 11월 23일 오후 2시 34분경, 그리고 오후 3시 11분경 두 차례에 걸쳐 북한이 연평도 해병대 부대와 주변 마을에 170여발의 포탄 공격을 했다는구나. 이후 남한은 북한지역인 무도와 개머리지역 등 군사시설에 80여발의 대응 포격을 했다고 해. 그간 서해에서 잦은 충돌이 있었지만 주로 함대들이 충돌한 거였어. 그러니까 바다에서 배를 탄 군인들만 전투를 했지, 사람이 살고 있는 육지에 총을 쏘거나 포탄을 쏜 것은 아니었어. 그런데 이번에는 일반인들이 살고 있는 지역에 노골적으로 포탄을 쐈다는 거야. 이 사건으로 연평도에서는 군인 2명과 민간인 2명 등 4명이 사망하고 19명이 중경상을 입었어. 구체적인 피해상황은 알 수 없지만 북한도 군인 다수가 사망한 것으로 알려져 있어.

민간인을 공격한 북한의 행위는 비난받아 마땅해. 더군다나 최근 10년 동안 남북 간에 화해 분위기가 확대되면서 전쟁이라는 용어가 나오지 않았는데, 이번 사건으로 전쟁이 일어날 수도 있다고 생각하는 사람들이 많아지게 되었지. 물론 전쟁은 쉽게 일어날 수도 없고 일어나서도 안 되지만, 이런 불안한 상황이 계속되는 것은 바람직하지 않다고 생각해.

사실, 최근 들어 남북한이 아주 위험한 대립관계로 치닫고 있기는 했단다. 이런 사태가 예견되었다고 할 수도 있지. 그러니까 지금처럼 엄중하고 위

2010년 11월, 연평도 포격사건이 발생했다. 1953년 정전협정이 체결된 이후 상대방 지역에 무차별적으로 포탄을 쏜 무력충돌이 발생하여 남북한은 그 어느 때보다 전쟁의 위기가 높아지고 있다.

급한 시기일수록 차분하게 지혜로운 판단을 할 수 있도록 우리 모두가 노력해야 하지 않을까.

전쟁을 하지 않도록 서로 화해하면 되잖아요. 서로 싸우지 않겠다고 약속하면 이번 사건처럼 사람들이 죽고 피해가 생기는 일이 없어질 텐데. 왜 전쟁을 하지 않겠다고 약속하지 못하는 거죠? 이해가 되지 않아요.

그래, 네 말대로 그렇게 간단했으면 좋겠구나. 그런데 남북한의 문제는 네가 생각한 것보다 훨씬 복잡하단다. 몇 가지만 간추려 설명해볼게.

먼저, 남북한은 같은 민족의 뿌리를 갖고 있지만 서로 총을 겨누고 전쟁을 했었어. 너도 한국전쟁을 알고 있지? 그 원한이 쉽게 지워질 수가 없지. 그러니까 근본적으로 불신이 매우 깊은 관계라는 거야. 또 남한은 자본주의 사회고 북한은 사회주의 사회를 표방하고 있어서 체제와 이념도 다르단다. 국가 운영방식뿐만 아니라 사람들이 사는 방식도 다른 거야. 60년도 넘게 너무 다른 문화적 환경 속에서 살아왔기 때문에 서로를 이해하는 게 쉽지 않지.

특히 남북한은 상대를 공존하는 대상으로 생각하지 않았고 지금도 그래. 무슨 말이냐 하면, 남한은 북한체제를 없애고 흡수해야 할 대상으로 보고 있고, 이는 북한도 마찬가지야. 그러니까 서로를 인정하지 않는 거지. 이런 본질적인 불신이 팽배하기 때문에 화해가 쉽지 않은 거야.

그렇다고 대립과 불신을 계속해서는 안 된다고 생각해. 이런 상태가 오래가면 남북한 모두 불행할 수밖에 없어. 항상 전쟁이 일어날 수 있다는 불안한 마음을 안고 살아야 하니까 말야. 그렇기 때문에 남북한이 서로 화해하고 평화로운 관계가 되기 위해서는 서로에 대한 불신을 해소하고 신뢰를 만들어가는 것이 가장 중요하단다. 그렇다고 어느 날 갑자기 신뢰가 생기는 것은 아니지. 자주 만나고 대화하면서 하나하나 문제를 풀어나가야 할 거야.

지난 10년간 남북한은 정상회담을 포함해 많은 분야에서 교류하고 협력하면서 가까워졌단다. 그런데 최근 들어 사이가 아주 나빠졌어. 김대중 정부와 노무현 정부는 남북한의 화해와 협력을 추진한 반면, 이명박 정부는 북한에 대해 다른 정책을 폈기 때문이지. 상당히 적대적인 정책으로 변화한 거야. 앞선 정부가 10년 동안 경제적으로 어려운 북한을 지원했지만 북한이 달라진 게 없기 때문에 화해와 협력은 불필요하다고 생각하는 것 같아. 그러나 아빠는 지금처럼 남북한이 험악하게 대립하도록 하는 것은 옳지 않다고 생각한단다.

물론 남북관계를 악화시킨 데에는 북한의 책임도 있어. 바로 북한의 핵무장이야. 북한은 인류 역사상 가장 위협적인 수단인 핵무기를 사실상 보유하고 있다고 할 수 있어. 남한은 그동안 북한에 많은 경제 지원을 하면서 교류를 해왔는데, 북한은 그 와중에 핵무기를 개발한 거야. 이명박 정부는 더 이상 북한을 신뢰할 수 없고, 북한이 핵무기를 포기하면 협력하고 경제적인 지원도 하겠다고 말하고 있어. 먼저 핵무기를 포기하라는 남한의 주장을 북한이 단호히 거부하면서 남북관계는 악화일로를 걷고 있는 상황이지.

어휴, 생각보다 복잡하네요. 하지만 이런 상황일수록 더더욱 남북한이 서로 만나서 이야기를 나눠야 하지 않을까요? 그래야 방법을 찾을 수 있을 거 같아요. 서로 으르렁거리기만 하면 연평도 사건 같은 일이 또 생길지 모르잖아요.

그렇지. 상황이 좋지 않을수록 서로 만나서 해법을 찾아가야 하는데, 지금은 상황이 너무 좋지 않아. 만나는 것조차도 이미 전제를 달고 있어서 쉽지가 않단다. 그렇다고 북한 핵문제와 관련해 서로 논의가 전혀 없었던 건 아니야. 북핵문제를 해결하기 위해 남북한, 미국, 일본, 중국, 러시아가 참여한 6자회담이 있었지. 논의가 진행되다 중단된 거야. 그 후 3년 가까이 서로 대립하다 천안함 사건이 발생하고 연평도 포격사태가 발생한 거지.

이러다 정말 전쟁이 일어날 것 같아요.

으음. 네가 말한 가능성도 부정할 수는 없지. 자꾸 부딪히다 보면 진짜 큰 싸움이 되기도 하니까. 이런 것 있잖아. 친구랑 시비가 붙었어. 처음에는 서로 경고하지. 한 번 더 귀찮게 하면 가만두지 않겠다고 말이야. 그런데 그 다음 또 시비가 붙게 되면 자기가 했던 말이 있으니까 끝내 싸우게 되잖아. 그렇게 하면 결국 전쟁으로 가는 거지. 한국전쟁도 전쟁이 일어나기 전에 잦은 충돌이 있었거든. 물론 전쟁이 결코 단순한 사건에서 시작되지는 않아. 국가가 전쟁을 하기까지는 훨씬 복잡한 상황이 있고, 또 전쟁을 하는 목적이 분명히 있어야만 가능하지.

얼마 전 천안함 사건이 일어났을 때도 남한과 북한, 그리고 동북아시아에는 그 어느 때보다도 긴장감과 위기감이 팽배했었지. 아빠는 천안함 사건으로 한반도가 긴장상태에 빠졌을 때 좀 더 지혜롭고 빠르게 상황을 전환했어야 한다고 생각해. 그랬다면 연평도 사태와 같은 불행한 일이 생기지 않을 수 있었겠지. 그런데 이를 방치해서 상황을 훨씬 더 어렵게 만들고 만 거야.

천안함 사건의 진실은 무엇인가요? 북한의 소행인가요?

천안함 사건과 관련해서는 아직도 남한과 북한의 주장이 다르고 국제적으로 논란이 많단다. 그래서 아빠는 천안함 사건과 관련하여 진실규명이 가장 먼저 이루어져야 한다고 봐.

남한정부와 미국, 일본은 천안함 사건이 북한의 소행이라고 결론 내렸어. 그런데 북한은 한사코 아니라고 하고 있지. 아마도 중국과 러시아는 북한 편을 들고 있는 것으로 보여. 이러면 안 된다는 거야. 남한과 친한 미국과 일본, 북한과 친한 중국과 러시아는 비단 천안함 사건뿐만 아니라 다른 어떤 일이 발생해도 입장이 똑같을 거야.

아빠는 이런 점이 참으로 맘에 들지 않아. 이렇게 되면 진실과는 거리가 멀어지고 서로 간에 주장만 하다가 흐지부지 되고 말지. 그러니까 서로의 이해관계에 따라 행동해서는 안 된다는 거야. 진짜 진실을 찾아야 하지. 진실을 밝혀야만 진정한 책임을 물을 수 있으니까 말이다.

또 중요한 문제가 있어. 남한 내에는 천안함 사건과 관련해 갈등이 존재하고 있어. 시민단체들과 야당은 천안함이 북한이 쏜 어뢰에 침몰했다는 정부 발표내용에 의혹이 많다고 해. 그러나 정부는 북한 소행이라고 결론 내렸기 때문에 이런 의혹들을 인정하지 않고 있지. 심지어 의혹을 제기하는 사람들을 이념적으로 몰아붙이고 있어. 친북한 세력이라고 말이야.

아빠 말대로라면 천안함 사건의 진실을 밝히는 게 쉽지 않을 것 같아요.

아빠는 이 분야에 대해 전문적인 지식이 없어서 천안함이 어뢰에 맞았는지, 아니면 사고였는지, 또 다른 이유 때문에 침몰한 것인지 아빠만의 의견을 밝힐 수가 없어. 우리 정부가 발표한 내용이기 때문에 믿고 싶은 마음도 있고 말야. 많은 국민들도 아빠처럼 정부 발표를 신뢰하려고 할 거야. 하지만 여러 가지 의문이 아직 남아 있지. 발표시기가 지방선거 바로 직전이었기 때문에 정치적인 목적으로 이득을 보려 했다는 생각도 하지 않을 수 없단다. 남한과 미국이 서해에서 군사작전을 하고 있는데, 북한 잠수정이 몰래 숨어 있다가 어뢰를 발사하고 유유히 사라졌다는 말 역시 가능성은 있지만 완전히 신뢰하기에는 사실 어리둥절한 면이 있거든. 특히 군을 감사한 감사원의 보고를 보면 군의 문제점도 많아. 그래서 아빠의 의혹도 해소되지 않는 거야.

그런데 이렇게 의문과 의혹을 제기하는 사람들을 대하는 정부의 태도는 확실히 문제가 있다고 생각해. 왜냐하면 의문이 있으면 이를 풀어줘야 하잖니. 아니, 완벽하게 풀어줄 수는 없다고 하더라도 노력은 해야 하는 거야. 만약 네가 아빠가 하는 일에 의문이 있고 문제가 있다고 생각한다 치자. 그런

인양되고 있는 천안함의 모습. 서해에서 침몰한 천안함을 두고 남한은 북한의 소행이라고 주장하고 있고, 북한은 이를 전면 부인하고 있다. 유엔 역시 책임 소재를 분명히 밝히지는 못하고 있다. 천안함 사건을 해결하기 위해서는 진실 규명이 가장 먼저 이루어져야 한다. 진실을 밝혀야 책임을 물을 수 있기 때문이다.

데 아빠가 너에게 무조건 아빠가 하는 일은 옳다고만 하면 너는 아빠 말을 신뢰하겠니? 네가 품고 있는 의문에 대해 조목조목 설명도 하고, 또 증거도 보여줘야 너도 신뢰하게 되잖아.

북한 주장이 옳다는 것이 아니라 정부 발표에 의혹이 있다는 것을 주장한 건데, 의혹을 제기하는 사람들 모두를 무조건 북한을 이롭게 한다고 하면서 친북한 세력으로 몰아가는 것은 옳지 않다고 봐.

참, 저도 이해하기 어려워요. 그렇다고 이렇게 계속 남북이 싸우기만 하면 안 되잖아요. 그럼, 그동안 남북은 서로 싸움을 멈추기 위한 노력을 전혀 하지 않았나요?

만약 천안함 사건 이후 남북한 책임자들이 더 이상 무력충돌을 하지 않도록 노력했다면 연평도 포격사태는 발생하지 않았을 거야. 천안함 사건 이후의 대응이 매우 중요했지. 아빠는 천안함의 진실을 밝히는 노력을 진행하면서 무력충돌을 방지하기 위한 회담 등을 개최해 구체적인 논의를 진행했어야 한다고 생각해.

그런데 남북한은 그렇게 하지 않았어. 서로를 비방하고 보복을 앞세우는 데 급급했지. 자, 너도 한 번 생각해봐. 어떤 사고로 사람들이 다치고 죽고 하잖아. 그러면 어떻게 하지? 먼저 사고의 원인을 밝히는 노력도 하지만, 이후에 비슷한 사고가 또다시 발생하지 않도록 예방조치를 취하잖아. 만약 건물에서 불이 났다고 생각해보자. 그러면 이후에는 불이 나지 않도록 소방시

설도 갖추고, 또 주민이 안전하게 대피할 수 있도록 많은 조치들을 취하지. 하지만 천안함 사건 이후 이런 예방조치를 취하지 않았어. 그러다가 연평도 포격사태가 발생한 거야. 예방조치를 취하지 않았을 뿐만 아니라, 서로가 군대를 동원하여 훈련을 하고 공격하겠다고 위협하면서 오히려 서로를 자극해왔지. 위험을 없애려는 노력은커녕 오히려 위험을 키우는 결과가 되고 만 거야.

천안함 사건을 잘 대처하지 못해서 연평도 포격사태 같은 오히려 더 큰 비극과 참사가 발생한 거지. 바로 이런 점들이 평화를 가로막는 거라고 아빠는 생각해.

그런데 이런 일이 왜 서해에서 자주 발생하죠? 북한이 서해북방한계선을 자꾸 침범해서 그런다고 하던데, 북방한계선은 군사분계선이 아닌가요?

그래. 정확하게 말하면 이 문제가 분쟁을 낳고 있지. 천안함 사건과 연평도 포격사태가 발생하기 이전에 이미 이 지역에서는 크게 세 차례나 무력충돌이 발생했어. 1999년 6월 15일 연평도 근해에서 첫 충돌이 발생했어. 두 번째 무력충돌도 2002년 6월 29일에 연평도 근해에서 일어났지. 첫 충돌에서는 사망한 병사가 없었지만, 두 번째 충돌에서는 사망자가 발생했지. 남한은 6명이 전사하고 18명이 부상당했고, 북한도 약 30여 명이 죽거나 다친 것으로 알려져 있어. 세 번째 충돌은 가장 최근에 발생했는데 2009년 11월 10일 대청도 부근에서 벌어진 전투야. 이 전투로 북한의 전투함선이 파괴되는 등 북한 측의 피해가 발생했던 것으로 확인되고 있어.

결론부터 얘기하면, 지금 우리가 말하는 북방한계선NLL, Northern Limit Line은 정전협정에서 체결된 내용이 아니야. 정전협정을 체결하면서 육지에는 남북한 군사분계선인 휴전선을 설치하기로 합의했지만, 바다인 동해나 서해에는 명확한 경계선을 두지 않았단다.

1953년 7월 체결한 정전협정 2조 13항을 보면 서해 5도인 백령도, 대청도, 소청도, 연평도, 우도 등은 유엔군 관할로 명기하고 있지만 해상에서의 군사분계선은 설정되어 있지 않아. 1953년 8월에 유엔군이 서해에 북방한계선NLL과 동해에 북방경계선 NBL, Northern Boundary Line을 설정한 거지.

그러니까 전쟁 당사국들이 모여 합의한 게 아니라 남한에 주둔하고 있는 유엔군 사령관이 임의적으로 정한 분계선이라고 할 수 있어. 엄격히 말하면 남한과 북한을 구분하는 군사분계선이 바다에는 없다고 할 수 있지.

그러면 북방한계선에 대해서 남북한이 서로 협의한 적도 없나요?

1953년 정전협정 이후 1972년까지는 북한이 북방한계선에 대해 별다른 주장을 하지 않았다고 해. 그런데 1973년 12월 군사정전위원회에서 서해 5도 주변 수역을 북한 연해라고 주장하고 나선 거야. 서해 5도는 정전협정에 명기된 대로 유엔군 통제 아래 있다고 인정하지만, 그 주변 수역은 북한의 관할 수역이기 때문에 남한 선박 등이 다닐 때는 북한의 승인을 받아야 한다고 주장하고 나섰어. 그러면서 논란이 시작된 거야. 참고로 동해는 육지의 군사분계선을 중심으로 구분했기 때문에 큰 논란이 없어. 논란은 주로 서해에서

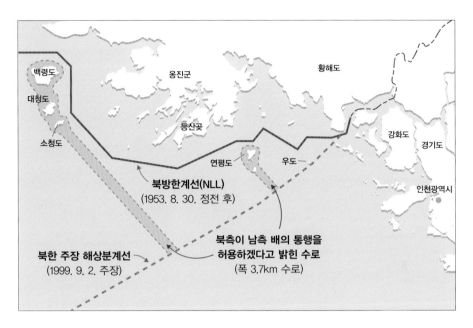

백령도
대청도
옹진군
황해도
소청도
등산곶
강화도
경기도
연평도
우도
북방한계선(NLL)
(1953. 8. 30. 정전 후)
북측이 남측 배의 통행을
허용하겠다고 밝힌 수로
(폭 3.7km 수로)
북한 주장 해상분계선
(1999. 9. 2. 주장)
인천광역시

서해 북방한계선(NLL)과 북한 주장 해상분계선

발생하고 있지.

지도를 보며 얘기하자. 서해 5도는 영토상으로는 남한지역과 많이 떨어져 있고 북한지역에 아주 가깝지. 그런데 이 서해 5도는 당시 유엔군이 장악하고 있었기 때문에 남한 영토로 포함된 거야. 만약 섬의 영토권을 중심으로 서해에 군사분계선을 설정한다고 가정하면 북쪽 바다로 올라가서 선을 그어야 하겠지. 반면 육지에 설정한 군사분계선의 연장으로 서해에 군사분계선을 설정한다면 남쪽 바다로 내려와서 선을 그어야해.

이처럼 북방한계선에 대해서는 논란이 많을 수밖에 없단다. 남한은 북방한계선을 기준으로 사실상 군사분계선을 주장하고 있고, 북한은 새롭게 서해에 군사분계선을 만들자고 주장하고 있어. 당시 유엔군이 이 북방한계선에 대해 북한에 통보하지 않았기 때문에 북한은 이를 인정할 수 없다는 입장인 거지.

1990년부터 1992년까지 진행된 남북고위급회담에서 북한은 북한지역인 황해도와 남한지역인 경기도의 도경계선을 서해로 연장하여 불가침선을 설정하자고 주장하기도 했어. 만약 그렇게 되면 남한의 인천 앞바다가 북한 바다가 되는 건데, 현실적으로 받아들이기 어려운 주장이지. 아무튼 당시 협상에서는 서로가 침범하지 않는 서해불가침 분계선과 관련해서 계속 논의하기로 하였고, 확정될 때까지 쌍방이 지금까지 관할해 온 구역을 침범하지 않기로 합의했단다.

그날 협상 이후 구체적인 합의가 진행되지 않은 상태로 지금까지 온 거야. 그러다보니 지금까지 관할해 온 구역을 분계선으로 하는 것에 대한 남북의 입장이 모호해져서 논란이 계속된 거야. 왜냐하면 남한은 이미 북방한계선을 정해놓고 있고, 북한은 북방한계선을 인정하지 않고 있기 때문이야. 이렇게 서해에서의 남북한 경계선은 아직까지 명확하게 정리되지 않고 있는 상황이란다.

북한은 북방한계선이 자기들이 합의한 분계선이 아니기 때문에 이 지역에 자신들의 선박이 다녀도 상관없다고 주장하고 있어. 반면 남한은 지금까지 북한이 전혀 문제 삼지 않다가 갑자기 북방한계선 문제를 들고 나온 것은 이해할 수 없다는 입장이야. 오래전부터 사실상 분계선으로 정해진 곳을 무효로 돌릴 수 없다는 거지. 북한 입장에서 보면 군사분계선을 합의하지도 않았는데 왜 자기들이 인정해야 하느냐는 것이고, 남한은 이미 관행처럼 되어 있는데 이제 와서 새삼스럽게 문제를 삼는 것은 다른 목적이 있다고밖에 볼 수 없다는 거지. 이렇게 서로가 자기주장만 하고 구체적인 합의를 이루지 못하다보니까 서해가 무력충돌의 장이 되고 화약고가 되고 만 거야.

  그러면 새롭게 분계선을 정하면 되잖아요? 남북한이 서로 합의하여 분계선을 정하면 위험지역도 없어지고, 싸움을 할 이유도 없어질 거 같은데요.

  글쎄. 아빠는 이 지역에 대해 남북한이 합의해야 한다는 것은 동의하지만, 그렇다고 새롭게 분계선을 만들어야 한다고는 생각하지 않아. 분계선은 그냥 서로가 침범하지 않겠다는 소극적인 의미를 담고 있는 것에 불과해. 아빠는 평화와 통일을 생각하는 입장에서 좀 더 나은 방향을 찾아야 한다고 봐.

  이미 한국해양수산개발원에서는 5년 동안 〈서해연안 해양평화공원 지정 및 관리방안〉 연구를 해왔어. 2004년부터 연구를 시작한 것으로 보면 2002년 서해에서 2차 무력충돌이 일어난 후 본격적인 연구를 시작한 것 같아. 이 연구에 아빠도 가끔 자문을 하고 토론에 참가하기도 했단다.

  이 연구의 기본적인 내용은 이 지역이 생태계가 우수하고 수산자원도 풍부한데 군사적 충돌이 자주 발생하기 때문에 남북한이 '해상평화공원'으로 지정해서 공동으로 관리하자는 거야. 충돌이 일어나지 않도록 분계선을 정해 억제하자는 차원을 넘어서서 평화지대로 만들고 생태계도 보전하자는 아주 적극적이고 긍정적인 의미를 담고 있지. 아빠는 남북한 문제를 풀어나가는 데 이런 적극적이고 변화된 모습과 내용이 필요하다고 보고 있어.

　　서해는 남북한을 합쳐 한반도 차원에서 보면 생태계가 아주 우수한 지역이란다. 서해 갯벌은 세계 5대 갯벌 중의 하나로 아름다울 뿐만 아니라 생태계가 아주 풍부한 지역이야. 세계로 이동하는 수백만 마리의 철새가 우리나라 서해 갯벌을 찾아오지. 또한 우리 밥상에 계절마다 다르게 올라오는 맛있는 어류나 조개류들이 이곳 서해에서 주로 나와. 섬들의 경관도 빼어나게 아름답지. 무엇 하나 빠지는 게 없는 이 지역에서 실리도 없으면서 아까운 생명만 죽이는 충돌을 일삼는다는 것은 어리석은 짓이야.

　　그러니까 이런 불행한 사건들이 계속 생겨나지 않도록 하기 위해서라도 해상평화공원을 만드는 등의 방법으로 남북한이 공동으로 이 지역을 관리하는 것이 좋겠지.

아니, 왜 이런 평화적인 방법을 만들어놓고도 실행하지 않고 있는 거예요? 내용이 아직 맘에 들지 않는 건가요?

　　글쎄, 네가 말한 대로 내용이 충분하지 못할 수도 있지. 그러나 아빠는 내용이 문제라기보다는 남북한 서로가 '대립이 아닌 평화'를 선뜻 받아들이지 못하는 데에 문제가 있다고 본단다.

　　물론 이 연구가 2002년 2차 서해 무력충돌 이후 충돌을 없애기 위한 장기적인 계획에 따라 진행되었다는 점을 보면 당시 남한정부는 이 문제에 대해 관심이 높았다고 할 수 있지. 2007년 남한의 노무현 대통령과 북한의 김정일 위원장이 만난 제2차 남북정상회담에서는 서해지역 평화지대 설치에 대해 합의하기도 했단다. 그러니까 꼭 해상평화공원이 아니더라도 서해를 평화지역으로 만들기 위해 양측이 기본적인 합의를 한 셈이지. 만약 이런 합의가 아주 구체적인 실천으로 나아갔다면 천안함 사건이나 연평도 포격사태가 발생했을 확률은 아주 낮아졌을 거야.

그러나 아쉽게도 남한정부가 바뀌면서 최근에 남북관계가 오히려 냉랭한 긴장관계로 바뀌고 말았어. 아빠는 지금의 잦은 남북한 무력충돌에 대한 책임을 말하자면 남북한 지도자들이 모두 비판받아야 마땅하지만, 남한정부가 그 책임이 더 크다고 생각해. 북한이 잘한다는 것이 아니라 남한정부가 못한다는 것이지. 북한사회가 폐쇄적이고 경직된 사회라는 것은 이미 잘 알려져 있어. 크게 변화하지 않고 있다는 것도 많은 사람들이 익히 알고 있지. 중요한 건 이런 북한정부를 상대하기 위해서는 남한정부가 아주 유연하게 대처해야 한다는 거야.

국민 일인당 국민소득만 해도 남한은 북한에 수백 배 앞서 있어 굳이 그들을 자극해서 불필요하게 불안감을 조성하고 피해를 볼 필요가 없다는 거지. 연평도 포격사태가 발생하자 남한의 호전적인 사람들은 북한을 공격해야 한다고 주장하고 있기도 해. 제발 이런 주장은 말로만 그쳐야 한다고 봐. 오히려 평화 공세를 펴야할 때라고 생각해. 한편에서는 개성공단을 남북합작으로 건설해서 운영하고 있고, 또 한편에서는 무시무시한 포로 서로를 공격한다는 것은 옳지 않아.

그리고 한반도가 불안하면 중국, 소련, 일본 등 동북아시아 전체가 불안한 상황이 될 수밖에 없어. 이런 불안 요인이 높아지면 외국의 간섭만 많아지고, 이런 기회를 틈타 이익을 챙기려는 국가들만 늘어날 뿐이란다.

아빠는 서해에서 서로를 자극하는 무력행위는 중단되어야 한다고 봐. 남한정부가 앞서서 대화하고 평화적인 노력을 해야 한다는 거지. 그런데 남한정부나 호전적인 사람들은 평화적인 노력을 하는 것이 북한에 굴욕적이고 굴복하는 행동이라고 생각하는 것 같아. 너도 한 번 생각해봐. 가진 것도 더 많고 우월한 조건에 있는 사람이 조금 양보하는 것이 과연 굴욕적인 일일까? 잘 설득하고 대화하면서 평화적인 길을 찾는 것이 더 중요한 거지.

그래서 아빠는 남한과 북한이 '대립이 아닌 평화'를 받아들이는 게 가장 중요한 일이라고 생각해. 서로 죽이는 전쟁을 했고, 수많은 가족이 헤어져 지금도 만나지 못하고 있으니 증오심을 갖는 사람들이 많겠지. 이 점은 우리가 이해해야 해. 평생 잊을 수 없는 상처를 받은 사람들에게 무조건 평화가 옳다고, 따라야 한다고 주장할 수는 없을 거야. 그렇다고 증오심만 가지고 남북관계를 이어나갈 수도 없어. 그렇게 되면 남북한은 앞으로도 지금처럼 불안정한 상황으로 계속 서로를 견제하며 살아가야 할 테니까.

현 정부에서만 벌써 서해에서 3번의 큰 사건이 발생했어. 2009년에는 대청도 근처에서 함대 간에 무력충돌이 있었고, 2010년에는 천안함 사건이 발생했고, 최근 연평도와 서해 인근에서 포격전투가 벌어졌지. 갈수록 사태가 훨씬 커지고 있잖아. 전쟁이 일어날 수 있다는 말도 심심찮게 들리고 말이야. 하지만 무력충돌로 인해 억울한 죽음만 늘어나고 피해만 있을 뿐 뭐가

서해교전 모습. 최근 0년 동안 시해에서는 미록직인 사건이 3건이나 발생하였다. 근본적으로 서해상의 잦은 무력충돌의 원인이 되고 있는 남북한 경계선에 대한 합의가 이루어지지 않았기 때문이다. 남한은 서해 북방한계선인 NLL을 사실상 군사분계선으로 주장하고 있지만, 북한은 이를 인정하지 않고 있다.

달라진 게 있니. 아무것도 없잖아. 그래서 하나하나 평화로 가는 길을 찾고 만들어 나가야 하는 거야.

저는 너무 어릴 때라 잘 기억나지 않지만, 2000년에 남한 김대중 대통령과 북한 김정일 위원장이 만났고 남북관계가 지금과는 많이 달랐다고 하던데요.

그럼. 지금의 너로서는 상상할 수 없을 정도였지. 남한의 김대중 대통령이 북한의 평양을 방문해 김정일 국방위원장과 만났던 날이 2000년 6월 15일이니까 벌써 10년이 지났구나. 그날은 우리 민족에게 매우 역사적인 날이었단다. 한국전쟁 이후 반세기 동안 서로 으르렁거리다 최초로 남한과 북한의 대표자가 만나 손을 잡았으니 그 의미는 말로 표현할 수 없지. 남한과 북한이 계속 서로 총을 겨누고 있다가는 제2의 한국전쟁이 일어날 수도 있으니까. 그래서 남북한 지도자가 만나 정상회담을 한 것은 아주 큰 의미가 있는 일이란다. 서로 '평화'를 향해 나아갈 수 있는 커다란 계기를 마련한 거야.

남북한의 대표가 만나 이루어진 1차 남북정상회담에서는 아주 중요한 합의가 이루어졌단다. 바로 '6·15남북공동선언'이야. 그날 발표한 남북공동선언문에는 다음과 같은 5개 기본 조항이 실려 있어.

첫째, 남북은 통일문제를 우리 민족끼리 서로 힘을 합쳐 자주적으로 해결해 나가기로 했어. 둘째, 남북은 통일을 위한 남측의 연합제안과 북측의 낮은 단계의 연방제안이 서로 공통성이 있다고 인정하고, 앞으로 이 방향에서 통일을 지향시켜 나가기로 했어. 셋째, 남북은 흩어진 가족, 친척방문단을 교

2000년 6월 15일, 한국전쟁 이후 50여 년 만에 최초로 남북한 지도자가 평양에서 만나 제1차 남북정상회담이 이루어졌다. 이는 전쟁으로 얼룩진 한반도에 화해와 협력의 시대가 열리게 되는 첫 신호탄이 되었으며, 이 회담에서 5개 항을 합의한 '6.15남북공동선언'이 채택되었다. 이후 '햇볕정책'의 본격적인 등장으로 경제, 사회, 문화 등 각 분야에서 활발한 교류와 협력이 진행되었다.

환하며 비전향장기수 문제를 해결하는 등 인도적 문제를 조속히 풀어 나가기로 했어. 넷째, 남북은 경제협력을 통하여 민족경제를 균형적으로 발전시키고 사회·문화·체육·보건·환경 등 제반 분야의 협력과 교류를 활성화하여 서로의 신뢰를 다져 나가기로 했어. 다섯째, 남북은 위의 합의사항을 실천에 옮기기 위하여 각종 회의를 개최하기로 했지. 6.15선언 이후 남북 간의 회담이 많아지고 각 분야에 걸친 교류가 비약적으로 늘었단다.

　　이뿐만이 아니야. 2004년에는 '서해 해상에서 우발적 충돌방지와 군사분계선 지역에서의 선전활동 중지 및 선전수단 제거에 관한 합의서'를 채택했단다. 당시에도 서해에서 무력충돌이 있었는데, 이를 방지하기 위한 것이었지. 그리고 네가 아는지 모르겠는데, 그동안 DMZ에서는 남북 모두 대형 확성기를 설치해놓고 상대방을 비난하며 자신들의 체제가 좋다고 선전을 했었단다. 지금 생각하면 조금 우습지만 말이야. 이 합의서를 통해 이 모든 것을 철거하기로 한 거지.

　　그런데 천안함 사건 이후 이 문제가 다시 불거졌어. 남한정부가 선전전을 하기 위해 대형 확성기를 다시 설치한다는 계획을 발표했고, 북한은 확성기를 설치하면 폭파시키겠다고 대응한 거야. 안타까운 일이지. 오랜 시간을 거쳐 어렵게 서로가 비방하지 않기로 합의했는데, 다시 이런 것들이 논란이 된다면 남북의 미래는 밝지 않다고 생각해.

　　와, 굉장해요. 남북관계가 제가 생각한 것 이상으로 평화와 협력의 관계로 변화하던 시기였네요. 그런데 어쩌다가 지금의 불안한 상황까지 오게 된 거죠?

그래, 많은 일들이 생기고 사건들이 발생했지. 서해교전, 북한 핵실험, 북한 미사일 시험발사, 금강산 관광객 피격사건, 그리고 가장 최근에 천안함 사건이 터지고 연평도 포격사태가 발생한 거야. 순조롭던 남북관계가 암초를 만나게 되었지.

이 중 가장 문제가 되었던 사건을 꼽으라면 크게 두 가지로 볼 수 있어. 우선 북한이 핵실험을 계속하면서 결국 핵무기를 갖게 되었다는 거야. 이건 굉장히 심각한 사안이란다. 아직 남과 북은 군사적으로 대치하고 있는 상황이잖니. 그런데 북한이 지구상에서 가장 강력한 무기라 할 수 있는 핵무기를 갖게 되면서 상황이 아주 복잡해진 거야. 남한뿐만 아니라 일본과 미국도 굉장히 예민하게 반응을 할 수밖에 없지.

또 하나는 남한정부가 교체되었다는 거야. 김대중-노무현 정부는 북한과의 관계를 '햇볕정책'으로 풀면서 화해와 협력을 추진하는 정부였어. 그런데 새롭게 등장한 이명박 정부는 그 동안 이 정책을 비판하고 반대해왔어. 북한에 대한 태도가 달라진 거야. 대표적으로 북한에 대한 쌀 지원을 '북한 정권만 이롭게 하는 퍼주기'라고 비판했지. 10년간 햇볕정책으로 북한이 달라지지도 않았고, 오히려 핵무기를 갖게 되는 등 남한에 위협적인 태도만을 키웠다는 거야. 그래서 원조나 지원을 거의 하지 않게 되었고, 핵무기를 포기하라고 북한을 압박하기 시작했어.

결국 북한이 이런 남한정부의 주장을 받아들이지 않게 되면서 남북관계는 적대적인 관계로 되돌아가게 되었단다.

아빠는 북한이 핵무기를 가져도 괜찮다고 생각해요? 핵은 아주 위험한 무기잖아요.

아냐. 아빠도 북한이 핵을 갖는 건 옳지 않다고 생각해. 한반도는 비핵화선언을 했고, 이 정신이 옳다고 봐. 그런데 북한은 핵을 갖기를 희망한 것 같아. 왜 그런지 정확하게 판단할 수는 없지만, 이유를 따지자면 강대국인 미국을 상대하기 위한 수단이라고 보는 것이 타당할 거야. 세계 최강인 미국을 상대하려면 가장 강력한 무기인 핵을 가져야 한다고 생각했겠지. 미국과 적대 국가인 이란이 핵무기를 보유하려고 하는 것처럼 말이야.

핵무기 문제만 해도 사실 굉장히 복잡해. 왜냐하면 미국, 중국, 프랑스, 러시아 등 강대국들은 핵무기를 갖고 있으면서 다른 나라는 핵무기를 갖지 못하게 하잖아. 자기들은 갖고 있으면서 다른 나라는 갖지 못하게 하는 것은 어쩌면 비합리적이라고 할 수 있지.

문제가 점점 더 복잡해지는데, 어쨌든 아빠는 한반도를 비핵화해야 한다고 생각해. 민족에게 총부리를 겨누고 있는 상황도 모자라 거기다 모두가 죽을 수 있는 핵무기까지 배치한다는 것은 정말 옳지 않다고 봐. 그렇다면 이제 북한이 보유하고 있는 핵을 어떻게 처리할 것인가 하는 방법이 중요하겠지. 지금 북한은 미국이 군사적 위협이나 경제적 봉쇄를 풀고 북한을 국제사회에서 인정한다면 핵무기를 없애겠다고 하고 있어. 남한은 북한이 핵을 폐기하면 경제적 지원을 하겠다고 해. 서로 받아들이지 않고 엇갈린 주장만 하고 있는 거야. 논쟁이 계속되면서 관계만 나빠지고 있지.

다른 방법이 필요하지 않을까? 북한이 핵을 폐기하는 대신 원하는 것이 무엇인지 들어보고, 대화를 통해서 이를 조정하고 풀어나가는 방법은 어떨까? 이런 방법이나 과정 말고는 사실상 북한 스스로 핵을 없애기 전까지 문제를 해결할 수 없어. 너도 생각해봐. 북한이 핵을 사용했을 때 가장 위험지역이 어디인 것 같니? 바로 우리가 살고 있는 한반도야. 핵을 가지고 있으니까 무서워서 북한 주장을 들어주자는 게 아니라, 합리적인 거래를 해야 한다는 거야. 평화적인 방법으로 서로가 살 수 있는 방법을 찾자는 거지.

그럼, 북한의 핵 문제를 해결하기 위한 노력은 없었나요?

국제적인 노력이 있었단다. 6자회담 말이야. 이 회담은 북한 영변에 있는 핵시설에 대한 논란으로 시작되었단다. 북한이 핵을 보유할 수 있다는 우려가 생기면서 국제적인 갈등이 생겼지. 그래서 이 문제를 해결하기 위해 남한, 북한, 미국, 중국, 일본, 러시아가 참여하는 6자회담이 개최된 거야. 우려가 많았는데 다행히 2005년 9월 북경에서 열린 2단계 제4차 6자회담에서 북핵 폐기 및 한반도 비핵화를 목표로 하는 '9.19공동성명'이 채택되었단다.

한반도의 검증 가능한 비핵화를 평화적인 방법으로 달성하는 것을 재확인하고, 북한은 핵 폐기, 핵확산방지조약NPT, Nonproliferation Treaty [1] 으로의

---

1 핵확산방지조약은 비핵보유국이 새로 핵무기를 보유하는 것과 보유국이 비보유국에 대하여 핵무기를 넘겨주는 것을 동시에 금지하는 조약으로 1996년 UN총회에서 채택되었다. 미국과 소련이 비준서를 기탁한 1970년에 발효되었으며, 2009년 현재 189개국이 가맹되어 있다.

중국 베이징에서 남북한, 미국, 일본, 중국, 러시아의 6개 국가 대표들이 모여 북한의 핵 문제와 한반
도 평화를 위한 6자회담을 시작했다. 그러나 회담은 순조롭게 진행되지 못했다. 북한의 핵무장을 둘
러싼 이견으로 6자회담은 중단된 상태이다. 평화로 가는 길은 여전히 험난하다.

복귀, 국제원자력기구 **IAEA, International Atomic Energy Agency** [2] 의 안전조치에 복귀할 것을 공약했지. 미국은 북한을 공격하거나 침공할 의사가 없다는 것을 확인하였고, 남한은 1992년 한반도 비핵화 공동선언에 따라 핵무기를 배치하지 않는다는 약속 등을 재확인했어. 북한과 일본, 미국의 관계정상화 조치도 약속했지. 한반도에 다시 평화의 시대가 열릴 것이라는 기대가 생겨났었어.

그러다가 일명 'BDA사건'이 발생하면서 다시 상황이 고약하게 돌변했단다. 북한이 마카오의 방코델타아시아 **BDA, Banco Delta Asia** 은행에 예금을 예치했는데, 미국이 위조지폐가 있는지 의심스럽다고 주장한 거야. BDA은행은 북한 예금을 동결해버렸어. 그러자 발끈한 북한이 6자회담의 틀을 깨고 복귀하지 않았지. 결국 2006년 10월에 북한이 핵실험을 강행하면서 한반도는 다시 새로운 위기를 맞게 되었단다. 참으로 알 수 없는 일이지. 왜 하필 그 시점에 위조지폐사건이 터졌는지 말이야.

정말 남북관계는 어떻게 변화할지 예측할 수 없네요. 이렇게 변화가 많은데 어떻게 서로를 믿고 좋은 관계를 유지할 수 있죠?

변화는 많았지만 다행히 얼마 후 상황이 좋아졌단다. 2000년에 이루어

---

2 국제원자력기구(IAEA)는 1957년 설립된 원자력의 평화적 이용을 위한 연구와 국제적인 공동관리를 위한 국제연합기구이다. 원자력이 세계평화·보건·번영에 기여하게 조정하고, 실용적 응용을 지원하며, 핵분열물질이 군사 목적에 이용되는 것을 방지한다. 또 핵 안전시설의 설치와 관리를 지원하고 안전기준을 마련하여 적용을 제시한다. 회원국은 2008년을 기준으로 145개국이다.

진 남북정상회담 이후 7년 만인 2007년 10월, 남한의 노무현 대통령과 김정일 국방위원장이 평양에서 정상회담을 가졌거든. 이 와중에 베이징에서는 북핵 6자회담 합의문을 발표했단다. 한반도 비핵화 문제, 관련국간 관계정상화 문제, 북한에 대한 경제·에너지 지원 문제, 6자회담 관련국 외교장관회담 문제, 모두 4가지 주제를 담았지. 영변의 5MW 실험용 원자로, 재처리시설 및 핵 연료봉 제조시설의 불능화는 2007년 12월 31일까지 완료하기로 했단다.

제2차 남북정상회담에서는 남북관계 발전과 평화번영을 위한 총 8개 항을 담은 '10.04선언문'이 발표되었단다. 군사적 적대관계를 종식시키고 한반도에서 긴장완화와 평화를 보장하기 위해 긴밀히 협력하기로 하였지. 특히 서해에서의 우발적 충돌방지를 위해 '서해평화협력특별지대'를 설치하고 '공동어로수역'을 지정하기로 합의했어. 또한 정전체제를 끝내고 항구적인 평화체제 구축을 위해 한반도에서 종전을 선언하는 문제를 추진하기로 합의한 거야. 정전체제를 종식시키고 평화체제를 구축한다는 것은 곧 전쟁을 끝낸다는 대단히 중요한 의미를 담고 있지.

정전체제를 끝내고 평화체제로 전환하겠다는 논의를 한 거네요?

그렇지. 전쟁을 중단하고 평화로 간다는 말만 들어도 아빠는 가슴이 벅차단다. 왜냐하면 남북이 전쟁 후 분단 상태가 계속되면서 우리 사회는 건전하게 발전하지 못했거든. 너는 모르겠지만 과거에는 정부를 비판하는 말만 해도 북한을 이롭게 한다고 감옥에 보내는 시절이 있었어. 정부가 항상 옳은

평화를 다지는 길
번영으로 가는 길
2007. 10. 2.
대한민국 대통령 노무현

2007 남북정상회담

2007년 10월 4일, 1차회담 이후 7년 만에 제2차 남북정상회담이 열렸고 총 8개 항을 담은 '10.04공동선언문'을 채택하였다. 특히 서해상 군사적 분쟁지역에서는 '서해평화협력특별지대'를 설치하고 '공동어로수역'을 지정하기로 합의하였다. 만약 이 남북합의가 구체적으로 실천되었다면 천안함과 연평도 사태는 발생하지 않았을 것이다.

것은 아니고, 민주주의 사회에서는 자유롭게 비판을 할 수 있어야 하잖아. 그런데 그런 일이 있었으니, 정상적인 사회는 아니었던 거지. 정부를 비판하는 것과 북한을 이롭게 한다는 것은 사실 아무런 관계도 없는데 말이야. 또 통일을 얘기하는 사람들도 무수히 탄압받고 감옥에 갔어.

그뿐만이 아니야. 남북이 군사적으로 경쟁하면서 너무 많은 돈을 국방비[3]로 사용하고 있어. 국민의 세금을 복지나 교육을 위해 쓰지 않고 무기를 사는 데 쓰는 것은 정말 문제라고 생각해. 북한은 심각한 경제난으로 주민의 먹는 문제조차 해결하지 못하고 있잖아. 그런데도 국방비는 줄어들지 않고 있으니 얼마나 안타까운 일이니.

이제 이 낡은 짐을 벗어야 해. 전쟁 가능성을 완전히 없애고 평화체제를 만든다면 남북 모두 보다 건전한 사회가 될 것이고, 그 많은 돈을 국민을 위한 좋은 일에 쓰겠지. 얼마나 기쁜 일이야.

그러면 앞으로 우리는 어떻게 해야 하죠? 6자회담은 여전히 열리지 않고 있나요? 다시 변화할 가능성이 있는지도 궁금해요.

2010년에도 6자회담을 열기 위한 국가 간의 논의가 진행됐지만 아직 회담은 열리지 못하고 있어. 미국은 북한이 먼저 핵무기를 폐기하고 6자회담

---

3 연구에 의하면 2009년 남한은 약 28조 6천억 원. 북한은 약 11조 2천억 원(북한 자체 발표는 7,279억 원)의 군사비를 사용한 것으로 추정하고 있다. 같은 민족에게 총부리를 겨누기 위해 남북한 합쳐 한 해 동안 약 40조 원이 지출되고 있는 것이다.

긴 대립의 시간 속에서 나눈 짧은 대화. 오랜 기간 계속되던 단절과 군사적 대립이 무너지고 각 분야에서 대화가 봇물처럼 터져나왔다. 만남과 교류가 활발해지면서 통일이 멀지 않았다는 희망이 생겨나기 시작했다. 그러나 희망도 잠시. 남북한은 서로를 비방하고 총부리를 곧추세우면서 다시 냉랭한 대립의 시간으로 되돌아가고 있다.

으로 복귀하라고 주장하고 있고, 북한은 미국이 북한을 침공하지 않는 불가침조약을 체결하고 한반도 평화체제에 대해 동의를 해달라며 팽팽하게 맞서고 있지. 엎친 데 덮친 격으로 서해에서 잦은 무력충돌이 발생하면서 모든 것이 멈춘 상황이 되고 말았어.

그러나 협상의 여지는 아직 충분히 있단다. 상황에 따라 6자회담을 다시 열자고 제안할 가능성이 많아. 남북관계, 북미관계 역시 지금처럼 냉랭하게 계속 되긴 힘들어. 그러니 인내심을 가져야 해. 남북은 반세기가 넘도록 군사적으로 대치하는 긴장관계였잖니. 물론 평화로 가는 길을 확고히 하지 못했다는 것은 안타까운 일이지만 너무 비관적으로 볼 필요는 없어. 이런 과정을 겪게 되면 관계가 더 좋아질 수도 있으니까 말야. 비 온 뒤에 땅이 더 굳는다고 하잖아. 그렇기 때문에 우리는 한 번에 모든 문제를 해결한다고 생각하지 말고 인내심을 갖고 천천히 해결하려는 자세를 가져야 해. 그리고 중요한 시점에 제대로 대응하기 위해서 준비를 철저히 해야 하는 거지.

한민족이 평화통일을 이루겠다는 의지나 노력에 대해서는 의문을 가질 수 없다고 봐. 같은 민족이라는 이유도 있지만, 전쟁보다는 평화가 훨씬 좋은 거잖아. 왜 우리가 마주한 이웃과 이처럼 불안하게 살아야 하지? 세계 어느 나라에서도 우리와 같은 분단 상황은 찾아볼 수 없는데, 왜 우리만 이런 고통을 수십 년간 가져왔고, 또 가져가야 하지? 지혜가 필요해. 특히 서로의 생각의 차이를 좁히기 위한 대화와 소통은 반드시 진행되어야 해. 남한 내에서 생각이 다른 사람들도 끊임없이 대화해야 하고, 남북 역시 대화의 문을 닫아서는 안 된다고 아빠는 생각해.

한국전쟁, 그리고 DMZ

복잡한 남북관계 얘기를 듣다 보니 마음이 착잡해요. 전쟁에 대한 불안감도 떨쳐버릴 수 없고요. 아빠는 남북관계가 불신에 가득 차게 된 게 전쟁 때문이라고 하셨잖아요. 한국전쟁에 대해 얘기해주세요. 이 전쟁으로 남과 북에 많은 피해가 있었다고 알고 있어요. 왜 같은 민족끼리 이런 전쟁을 했나요? 그리고 우리는 왜 아직도 싸우고 있죠?

으음~. 상당히 복잡한 문제라서 좀 차근히 설명해야 할 것 같구나. 그래, 네 말대로 한국전쟁으로 남과 북 모두 엄청난 피해가 있었지. 그런데 아직도 같은 민족끼리 서로 으르렁거리기만 할 뿐 해결의 실마리를 풀지 못하고 있어서 아빠도 참 답답하다. 그렇지만 우리가 앞으로 이 엄청난 과제를 슬기롭게 해결하기 위해서는 먼저 역사에 대한 이해를 해야 할 것 같구나.

전쟁은 끔찍한 것이지. 사실, 전쟁의 피해를 정확히 계산하기란 불가능하단다. 수많은 사람들이 죽고, 집과 가족을 잃고, 산업시설이나 도로들도 엄청나게 파괴되었으니까 말야. 물론 자연도 심각하게 파괴되었지. 이 피해를 어떻게 모두 계산할 수가 있겠니. 그뿐이 아니란다. 만약 전쟁을 하지 않았다고 가정하고, 그 기간 동안 경제활동을 하고 사회 발전을 위해 힘을 썼다고 생각해봐. 지금 남과 북이 어떤 모습일지 상상조차 할 수 없어. 그래서 그 피해 규모를 계산할 수가 없는 거란다.

한국전쟁이 발생한 원인이나 배경 등은 너무나 복잡한 얘기라서 긴 얘기는 하지 않겠다. 다만 전쟁이 우리 민족에게 엄청난 피해와 상처를 안겨주었다는 것은 명백하단다. 인명 피해의 규모만 따져봐도 알 수 있지. 남북한 민간인, 군인, 외국에서 참전한 군인들을 포함해서 공식적인 통계로만 350~400만 명이 죽거나 실종되거나 부상을 당했어. 이 얼마나 엄청난 숫자니. 전쟁에 직접 참가해서 죽거나 실종되고 다친 사람만 해도 어림잡아 200만 명이 넘는다고 하니 놀랄 따름이지. 군사편찬연구소의 통계에 따르면 사망하거나 부상, 실종된 민간인 숫자만 해도 남북한 합쳐 약 300만 명이나 된다니 정말 엄청나지.[1]

전쟁기간이 3년 1개월 정도였는데, 이 기간 동안 이 정도로 많은 사람들이 죽거나 다쳤다는 것은 전쟁이 얼마나 치열했는가를 말해주는 것이지. 지금도 1천만 이산가족이 생이별하고 제대로 만나지 못하고 있잖아. 너도 한번 생각해봐. 가족이 전쟁으로 헤어져 만나지도 못하고 죽는다면 이 얼마나 엄청난 비극이겠니.

---

1 국방부 산하 군사편찬연구소가 펴낸 '한국전쟁 피해 통계집'에 따르면 한국전쟁으로 인한 민간인 인명 피해는 남한 약 90만 7,000명(사망 24만 5,000명, 실종 30만 3,000명, 학살 12만 9,000명, 부상 23만 명), 북한 약 200만 명 추정(부상 등 모든 피해자 포함.)으로 약 300만 명이다.

그뿐이 아니란다. 한반도 남쪽 끝에서 북쪽 끝까지 모든 국토가 전쟁의 소용돌이에 휩쓸리면서 그 피해 역시 한반도 전체에 미치게 되었어. 처음에는 북한군이 38선을 넘으면서 남쪽 낙동강까지 전선이 확대되었고, 다음에는 미군이 주도하는 유엔군이 참전하면서 북쪽 끝인 압록강까지 전선이 확대되었지. 그러다 중국군이 참전하면서 황해도, 강원도, 경기도 등 한반도의 중앙 지역으로 다시 전선이 옮겨졌고, 서울과 평양 사이에서 밀고 당기는 전쟁이 계속된 거야. 그러니 얼마나 많은 피해가 발생했겠니.

남한의 경우 공업시설의 43%, 발전시설의 41%, 탄광시설의 50%가 파괴되었고, 주택도 16% 정도 파괴되었다고 해. 북한의 경우는 전력 74%, 연료공업 89%, 야금업 90%, 화학공업 70%가 피해를 입었다고 하는구나. 아마 실제로는 피해가 이보다 훨씬 더 컸을 거야.

결국 한국전쟁은 무력을 통해 분단을 없애고 통일하겠다는 발상으로 시작되어 진행되었지만, 남북한의 원래 경계선인 38도선에서 크게 변동이 없는 상태로 막을 내린 거야. 서로에게 막대한 피해와 상처를 남긴 채, 증오심만 키운 셈이지.

정말 세상에서 전쟁이 없어졌으면 좋겠어요. 그런데 전쟁이 얼마나 치열했길래 좁은 우리나라에서 그렇게 엄청난 피해가 생기게 된 거죠?

그래, 전쟁이 얼마나 치열했는지를 알려면 전쟁 양상을 살펴볼 필요가 있지. 너도 알고 있겠지만, 1950년 6월 25일 북한군이 대대적으로 38도선을 넘으면서 한국전쟁이 시작되었단다. 그래서 한국전쟁을 6·25전쟁, 남한에서는 6·25남침이라고도 하지. 물론 전쟁이 한 번에 일어난 것은 아니야. 그 전에도 38도선에서는 잦은 충돌이 있었어. 남북한 간에 국지적으로 크고 작은 싸움이 벌어지곤 했지.

6월 25일 이후 당시 병력이 우세한 북한군의 파죽지세 공격으로 남한 정부는 서울을 포기하고 부산으로 옮겨 가게 되었지. 남쪽으로 밀려 내려간 남한군과 미군을 주축으로 한 유엔군(국제연합군)[2]은 경상남도 함안군~경상북도 칠곡군 왜관읍~경상북도 포항시 등을 주축으로 낙동강을 끼고 완강하게 저항했어. 그래서 이를 '낙동강방어선'이라고도 해. 남한군과 유엔군은 낙동강을 사이에 두고 북한군과 계속 대치 상태에 있었어.

그러다 그 해 9월 15일, 서해상에 위치하고 있는 인천에 미군이 기습적으로 상륙하면서 상황이 급반전되었지. 이 작전이 '인천상륙작전'이야. 북한군의 주력부대가 낙동강 전선에 집중하고 있을 때 갑자기 인천에 막강한 군대가 들어왔으니 상황이 급반전될 수밖에 없었어. 북한군은 퇴각하기 시작했고, 남한군과 유엔군은 파죽지세로 38선을 넘어 북한을 공격했지. 10월 26일경에는 북한지역의 끝자락인 압록강까지 점령하게 되었단다.

그런데 이때 중국군이 북한을 지원하기 위해 참전했어. 1951년 4~5월 중국군과 북한군이 일명 '춘계대공세'를 폈는데, 이른 봄에 공격했다고 해서

---

2 한국전쟁 당시 유엔(UN)군에 파병한 나라는 미국, 터키, 에티오피아 등을 포함한 총 16개국이다. 이외 물자지원국은 일본과 대만 등 32개국이고, 의료지원국은 인도, 스웨덴 등 5개국이다.

한국전쟁은 1950년 6월 25일 발발하여 1953년 7월 27일 정전협정이 체결될 때까지 약 3년 1개월간 진행되었으며 남북한 전 지역에서 전투가 벌어졌다. 전쟁 전의 남북한 경계선인 38도선에서 큰 변동 없이 지금의 휴전선의 설치로 막을 내렸다. 서로에게 막대한 피해와 상처를 남기고 끝없는 증오심만 을 키운 채 끝난 것이다.

붙여진 이름이야. 이 기간 동안 개성~화천, 양구~인제 등지에서 치열한 전투가 계속되었지. 점차 남한군과 유엔군이 중국군과 북한군에 밀려 후퇴하게 되었고, 이때부터 한반도의 중부지역인 38도선을 중심으로 오르락내리락 일진일퇴의 전쟁이 2년간 계속되었어.

우여곡절 끝에 1951년 7월 10일 개성에서 첫 휴전회담이 열리게 되었어. 전쟁이 시작된 지 일 년 만에 서로가 총을 들고 마주한 것이 아니라 책상에 마주한 것이지. 그러나 회담은 순조롭지 않았어. 1953년 7월 27일이 되어서야 정전협정에 서명했으니, 무려 2년 동안 협상이 진행된 거지. 회담을 하고 있는 사이에도 전쟁은 계속되었어. 그리고 이 기간 동안 치러진 전투가 주로 지금의 DMZ 일원지역에서 진행된 거지.

아빠, 이해가 안 돼요. 휴전회담이면 전쟁을 그만두자는 거 아닌가요? 그런데 어떻게 전쟁도 멈추지 않고 회담을 계속할 수 있죠? 아빠 말대로라면 전쟁이 벌어졌던 3년 중에 2년은 휴전회담이 열리면서 전쟁도 계속된 거라는 뜻이잖아요. 게다가 2년 동안의 전쟁이 지금의 DMZ 일원지역에 집중되었다면 이 지역은 완전히 폐허가 됐겠어요.

그렇지. 이 지역은 그야말로 끝없는 전쟁터였지. 휴전회담이 순조롭게 진행되지 않았기 때문에 양측 모두 여기서 밀리면 안 된다고 판단했을 거야. 북한 입장에서는 개성과 평양이 위험했고, 남한 입장에서는 서울이 위험했기 때문에 한 치의 양보도 없이 싸울 수밖에 없었어. 그러다 보니 상상할 수 없을 만큼 엄청난 파괴가 진행되었고, 서로 피해가 극심해진 거야.

강원도 고성군, 인제군, 양구군에 걸쳐 있는 향로봉에서 벌어진 향로봉香爐峰 전투는 1951년 8월 18일부터 24일까지 7일간 벌어진 전투인데, 이 기간 동안 무려 89회의 전투가 벌어질 만큼 치열했다는구나. 건봉산乾鳳山 전투는 1951년 4월 20일부터 휴전 직전인 1953년 7월 27일까지 무려 2년 동안 벌어진 전투였는데, 이 전투에서는 중국군 1개 사단과 북한군 2개 사단이 건봉산 계곡에서 전멸했어.

강원도 양구군과 인제군의 경계에 있는 가칠봉加七峰은 금강산의 마지막 봉우리로, 가칠봉이 들어가야 비로소 금강산이 1만 2천봉이 된다는 뜻에서 '더할 가加'를 사용하여 가칠봉이란 이름이 생겼다고 전해질 정도로 매우 아름다운 산이란다. 그런데 이 아름다운 곳에서조차 엄청난 혈전이 벌어졌어. 1951년 9월 4일부터 10월 14일까지 40여 일간 전투가 지속됐고 전투 기간 동안 그 땅의 주인이 6번 바뀔 정도였다니, 전투가 얼마나 치열했는지 알겠지?

한국전쟁은 휴전회담이 시작되고 정전협정이 체결되는 2년 동안 가장 치열했단다. 서로 조금이라도 땅을 더 차지해야 했으니까. 그래서 이 기간 동안 벌어진 싸움은 고지점령이 목적인 경우가 많았어. 우리나라 중부와 동부 지역은 산악지대니까 높은 산이 많잖아. 고지高地란 말은 평지보다 아주 높은 땅이라는 말인데, 군사적으로 보면 '전략적으로 유리한 높은 곳의 진지'라는 의미도 있지. 쉽게 얘기하면 높은 산이 많은 산악지대에서 고지는 산 정상을 말하는데, 산 정상 혹은 높은 곳을 점령하면 싸우기에 유리하잖아. 그래서 고지를 차지하기 위한 쟁탈전이 치열하게 벌어진 거야.

펀치볼지구 전투, 도솔산지구 전투, 포크찹고지 전투, 백마고지 전투, 저격능선 전투, 수도고지 전투, 크리스마스고지 전투, 단장의 능선 전투, 피의 능선 전투, 아이스크림고지 전투 등이 대표적이고, 이 외에도 수많은 전투가 벌어졌어. 서로 뺏고 뺏기는 치열한 전투가 벌어졌고, 백병전白兵戰도 자주 벌어졌어. 백병전은 칼이나 창, 총검을 가지고 직접 몸으로 맞붙어 싸우는 거야. 서로 고지를 점령하기 위해 직접 싸웠다고 하니 얼마나 참혹했겠니.

백마고지 전투는 1952년 10월 6일부터 15일까지 10일간 벌어졌어. 철원군 철원읍 북서쪽 약 12km 지점으로 DMZ 남측지역에 있지. 고지를 차지한 주인이 10일 동안 7차례나 바뀌었다니까 거의 하루에 한 번 꼴로 점령자가 바뀐 거야. 중국군 사상자만 1만여 명이고, 남한군의 사상자도 3,500여 명이나 되었고 말야. 이 지역에 포탄을 얼마나 퍼부었는지, 공중에서 보면 이 고지가 하얀 말처럼 보인다고 해서 백마고지라 부르게 되었다는구나. 미군은 총 745회를 출격하여 2,700개 이상의 각종 폭탄, 358개 이상의 네이팜탄 등을 고지 위에 떨어뜨렸어. 중국군은 5만 5,000발 이상을, 남한군은 무려 18만 5,000발 이상의 포탄을 백마고지에 퍼부었다고 해.

단장의 능선고지 전투는 강원도 양구군과 인제군 사이의 여러 고지에서 벌어진 전투야. 1951년 9월 13일부터 10월 13일까지 약 한 달 동안 백병전을 포함해 많은 싸움이 벌어졌는데 유엔군은 3,700여 명, 북한군은 2만 5,000여 명이 죽거나 다친 참혹한 전투였지.

결국 휴전선으로 남게 된 군사분계선을 중심으로 한 DMZ 일원지역에서 무려 2년 동안 전쟁이 집중되었다. 산 정상을 확보하기 위한 고지전투가 많았는데, 때로는 직접 몸으로 싸우는 백병전도 불사하는 등 전쟁은 참혹하였다.

그런데 전투에 붙여진 이름들이 좀 특이해요.

전투의 이름들은 주로 미군 종군기자들이 전쟁 상황을 언론에 보도하면서 붙여졌어. 요즘에 언론 제목을 카피 **Copy**라고 하지. 아마 그런 의미로 사용되다 공식 전투 이름으로 사용된 것 같아.

'단장의 능선'이라는 말이 전쟁의 참혹함을 잘 표현하고 있는데, 단장은 창자가 끊어질 정도로 몹시 슬프다는 말이야. 미군 종군기자 스탠 카터 **Stan Carter**가 "가슴이 찢어지는 듯하다"고 말한 부상병의 호소를 "Heart Break Ridgeline(심장이 터진 능선)"이라고 보도한 데서 유래되었다고 해. 얼마나 두렵고 참혹했으면 이런 고통스러운 말을 했겠어.

피의 능선 전투는 1951년 8월 18일부터 9월 5일까지 양구군에서 벌어진 전투인데, '피의 능선 **Bloody Ridge**'이란 말 그대로 많은 사람들이 죽거나 다쳐서 산의 능선이 피로 넘쳐 난다고 해서 붙여진 이름이야. 8월 18일부터 22일까지 5일간 무려 42만여 발의 포탄이 쏟아졌다고 하니까 상상하지 않아도 알 수 있겠지.

아이스크림고지 전투는 철원평야 지역에서 벌어졌어. 높이가 해발 219m의 야트막한 산이지만 군사적으로 중요한 지역이어서 이곳을 차지하려는 전투가 치열했대. 원래 이름은 삽송봉인데, 봉우리가 포탄에 의해 3m 정도 무너진 모습을 보고 아이스크림이 녹아내린 것 같다고 해서 '아이스크림고지'라고 부르게 되었대.

저격능선 전투는 지금은 북한지역인 강원도 철원군 김화읍에 있는 오성산 자락에서 벌어진 전투야. 중국군 저격병이 능선에 노출된 미군을 자주 저격하면서 '저격능선Sniper Ridge'이라고 불렀다고 해. 1952년 10월 14일부터 11월 24일까지 6주간에 걸쳐 점령자가 12차례나 바뀐 처절한 전투였지. 42일간의 전투는 한국전 사상 최장기록이기도 하단다.

전쟁 얘기를 듣고 있으니 마음이 너무 우울해요. 하지만 많은 사람들이 죽고 다치는 전쟁이 더 이상 일어나서는 안 된다는 생각은 분명해지네요.

그래, 그런 생각만으로도 전쟁을 막을 수 있지. 하지만 여전히 우리 사회에는 전쟁을 외치는 호전적인 사람들이 존재하고 있어. 만약 전쟁이 또다시 일어나면 과거 한국전쟁보다 훨씬 크고 막대한 피해가 발생할 거야. 아빠는 군사 전문가가 아니어서 잘 모르지만, 현대전쟁은 일부 지역에서 일어나는 국지전으로 끝나지 않을 거란 사실은 분명해.

우리가 TV에서 사극을 보면 전쟁하는 장면이 나오지. 그 당시 전쟁은 군사들이 충돌하는 지역에서 발생했고 그 지역이 주로 피해를 보았지만, 현대전은 그렇지 않아. 포탄, 미사일, 전투기, 전투함 등 먼 거리에서 무차별적으로 폭격을 할 수 있으니까 말야. 그러다 보니 전쟁이 일어나는 특별한 지역이 따로 있는 게 아니라 모든 국토가 전쟁터가 될 수밖에 없어. 그리고 모든 국민이 개인의 의지와 상관없이 참여할 수밖에 없지. 이라크나 아프가니스탄 전쟁에서도 그렇잖니. 그래서 아빠도 너의 생각과 마찬가지로 전쟁은 없어야 한다고 생각해. 전쟁은 악순환이 계속되는 것에 불과해.

그런데 우리는 왜 아직도 서로 총을 겨누고 있는 거죠? 정전협정을 맺고 전쟁이 끝난 뒤에 비무장지대가 생겼는데도 TV에서 보면 총을 든 군인들이 서 있더라고요. 비무장지대는 무장을 하지 않는 지대라는 뜻 아닌가요?

맞아. 네 말대로 '비무장지대'는 군사적 무장을 하지 않는 지역을 말한단다. 영어로는 Demilitarized Zone이라고 하지. 이 지역은 비무장지대 非武裝地帶 라는 표현보다 DMZ라고 더 많이 알려져 있고 불리고 있는데, 아마도 비무장지대의 남측지역을 미국 중심의 유엔군사령부가 관리하고 있기 때문이 아닌가 싶다.

우리나라에 DMZ를 설치한 이유와 목적은 사실 간단해. 군사적 충돌이 일어날 가능성이 높은 지역에서의 충돌을 방지하기 위해 군인이나 무기를 배치하지 않는 구역을 정한 거야. 국제법인 정전협정에는 DMZ를 '국가가 군사병력의 주둔과 군사시설의 유지를 하지 아니할 의무를 지는 그 국가의 영토와 영해 · 하천 · 운하 그리고 그의 상부 공역을 포함하는 특정지역이나 구역 Areas or Zones'이라고 정의하고 있단다.

그렇다면 말이 안 되잖아요. 분명 DMZ에 군인이 총을 들고 서 있었다고요.

아빠가 차근차근 설명해줄 테니 잘 들어봐. 1950년 시작되었던 한국전쟁은 3년만인 1953년에 휴전을 하면서 중단되었어. 휴전 이후 한반도를 남과

군사분계선을 중심으로 남북이 2km씩 후퇴하여 남한은 남방한계선을, 북한은
북방한계선을 설치했고, 이 지역 안에는 군사적 무장을 하지 않는다는 합의
하에 총 4km의 비무장지대를 설치했다. 그러나 가장 강력한 무기들이 비무장
지대를 둘러싸고 배치되어 있어 이 지역은 사실상 중무장지대이다.

북으로 나누는 군사분계선MDL, Military Demarcation Line이 설치되었단다. 한국 전쟁 전에는 한반도가 위도 38도선을 따라 나뉘어 남과 북의 경계선이 '38도선'이었지. 전쟁 이후 남과 북이 각각 점령한 지역을 중심으로 군사분계선을 다시 설치한 거야. 이를 휴전선休戰線이라고도 불러. 왜냐하면 당시 전쟁을 완전히 끝내자고 합의한 것이 아니라 휴전에 합의했거든. 그래서 종전선終戰線이 아니라 휴전선이라고 하는 거야. 싸움이 완전히 끝난 게 아니라 잠시 멈춘 거지.

군사분계선을 기준으로 남과 북이 각각 2km씩 후퇴해서 남한은 남방한계선을 설치하고 북한은 북방한계선을 설치했어. 그러니까 남방한계선과 북방한계선의 사이 지역, 총 4km에 해당하는 지역이 바로 DMZ야. 이 지역 안에서는 서로 군사적 무장을 하지 않기로 약속한 거지.

〈공동경비구역 JSA〉라는 영화가 있단다. 네가 너무 어렸을 때 개봉한 영화라서 기억하지 못할 수도 있겠구나. 남북 간의 대치상황에서 일어났던 비극을 소재로 한 영화였는데, 많은 사람들이 관람했고 매우 호평을 받았었지. 이 영화를 보면 남한의 군인 역을 했던 배우들이 왼쪽 팔에 '헌병'이라고 쓰인 완장을 차고 있어. 기회가 되면 한 번 보렴.

실제 남한과 북한이 함께 관리하고 있는 판문점의 공동경비구역이나 DMZ 안에서는 군인을 '헌병'이나 '민정경찰'이라고 한단다. DMZ 안에서는 군사적 무장을 하지 않기로 약속했기 때문에 공식적으로는 군인을 둘 수 없기 때문이야.

그런데 사실 남한이나 북한이나 이 지역에 있는 이들은 모두 경찰이 아니고 군인들이란다. 다만 무장을 한 군인이 주둔할 수 없는 비무장지대이기 때문에 군인이 아닌 경찰의 모습으로, 즉 군인이 경찰의 옷을 입고 있는 셈이지. 결국 형식적으로는 비무장지대라고 불리지만 사실은 그렇지가 않아.

말로는 비무장지대라고 하지만, 사실은 비무장지대가 아닌 거군요.

그렇지. 이 지역은 명칭만 DMZ이지 HMZ **Heavily Armed Zone**, 즉 중무장지역이란다. 남과 북의 강력한 전투 무기들이 DMZ 바로 밖에 배치되어 있고, 헤아릴 수 없이 많은 지뢰도 매설되어 있지. 그뿐만이 아니야. 앞에서 군사분계선을 기준으로 남과 북이 각각 2km, 총 4km 구간을 DMZ로 설정한다고 약속했지만, 양측 모두 살금살금 북방한계선과 남방한계선을 군사분계선 쪽으로 옮겨서 실제로는 DMZ가 1km도 안 되는 지역도 있어.

이렇듯 DMZ는 평화적인 비무장지대가 아니라 잦은 군사적 충돌이 발생하고, 강력한 무기가 서로를 겨냥하고 있는 매우 위험한 중무장지대라고 볼 수 있어. 남과 북이 첨예하게 대립하고 있는 일촉즉발의 군사적 긴장지역이지.

이해할 수가 없네요. 서로 약속도 지키지 않을 거면서 DMZ를 왜 만든 거죠? 좀 더 자세히 설명해주세요.

너에게 부끄럽구나. 앞에서도 이야기했듯이 같은 민족인데도 총을 들고 서로 죽이고 했기 때문에 서로에게 기본적인 믿음이 없는 거지. 그래서 약속을 자꾸 어기는 거야. 요즘은 DMZ 안에서 서로 싸우는 일이 없어졌지만, 1980년대까지만 해도 이 지역에 군사적 충돌이 아주 많았단다. 그러다 보니 군사력을 더욱 강화시키게 된 거지.

DMZ는 정전협정에 따라 만들어졌어. 1953년 7월 27일 판문점에서 체결된 정전협정에 서명을 한 당사자이자 조약체결권자는 남측을 대표한 당시 유엔군 총사령관인 마크 클라크와 북측을 대표한 김일성 조선인민군 최고사령관, 그리고 중국인민지원군 사령관인 팽덕회란다.

어, 왜 남측을 대표해서 미국만 서명을 했죠? 남한은 참여하지 않았나요? 북측은 중국과 함께 북한도 참여했잖아요.

남한정부는 정전협정에 참여하지 않았고 서명하지 않았어. 당시 남한 정부는 정전협정에 반대했다고 전해지고 있어.[3] 그래서 군사분계선을 기점으로 남쪽은 미국과 유엔사가 직접 관리하고, 북쪽은 북한과 중국 등이 관리하게 되었지. 이를 관할권管轄權 jurisdiction 이라고 한단다. 일반적으로 관할권은 국가의 주권이나 관청의 권한이 미치는 범위를 말해.

---

3 이승만 대통령은 정전회담이 진전되기 시작한 53년 4월부터 정전 반대 움직임을 보였다. 4월 9일 이 대통령은 아이젠하워 미국 대통령에게 친서를 보내, 정전협정이 체결된다면 한국군만으로 전쟁을 계속하겠다는 의사를 전달했다.(《한국전쟁》 와다 하루키 저, 창작과비평사, 293–294)

1951년 7월 10일 개성에서 시작된 정전회담은 1953년 7월 27일, 2여 년 만에 양측이 정전협정에 서명하면서 끝이 났다. 남측을 대표해서 마크 클라크 유엔군 사령관, 북측을 대표해서 김일성 조선인민군 사령관과 팽덕회 중국 사령관이 서명했다. 당시 남한정부는 이 협정 당사자로 참여하지 않았다. 이제 전쟁을 완전히 끝내는 평화협정이 필요한 시기이다.

그런데 남한이 정전협정 당사자로 참여하지 않고 DMZ 남쪽 지역의 관할권을 유엔사가 갖게 되면서 상황이 복잡해졌지. 무슨 말인가 하면, 정전협정의 당사자가 아닌 남한이 DMZ 내의 관할권을 가질 수 있느냐 하는 문제가 제기될 수 있는 거야. DMZ 관할권과 관련해서 가장 눈여겨봐야 할 것은 DMZ의 설정 및 그 관할권을 규정하고 있는 국제조약인 정전협정을 누가 어떻게 서명했는지의 여부야. 한국전쟁의 경우, 교전 당사자는 남한과 유엔 안보리 제83호 및 84호 결의에 의해 참전한 유엔 16개국이 한쪽이 되고, 북한과 중국이 다른 한쪽이야. 하지만 남한은 명시적으로 정전협정에 서명하지 않았기 때문에 남한이 정전협정의 법적인 당사자가 될 수 있는가 하는 논란이 생긴 거야.

뭐가 이렇게 복잡해요. 그러면 우리는 DMZ 관할권이 없다는 말인가요?

글쎄. 다소 논란이 있을 수 있지. 북한은 남한에게 관할권이 없다고 주장하고 있어. 그래서 정전협정을 평화협정으로 전환하자고 요구하는 상대국도 남한이 아닌 미국으로 규정하고 있어. 미국하고만 상대하겠다는 거야.

그러나 DMZ 남측 지역에 대해 남한의 관할권이 없다고 할 수는 없다고 봐. 정전협정도 일종의 국제조약인데, 국제관습법 상 조약은 당사국이 아닌 제3국에게 적용되지 않는다는 원칙이 확립되어 있거든. 이 원칙에 따르면 남한은 전쟁을 한 당사국일 뿐만 아니라 사실상 정전협정을 준수하여 왔고, 특히 영토에 대한 주권을 행사하고 있기 때문에 제3국으로 보기에는 어렵다는 것이지. 하지만 이런 상황에서 규정을 명확히 하는 국제법이나 규칙이 없어서 문제란다.

뉴스를 보면 남한과 북한의 책임자들이 만나 회담을 하던데, 그렇다면 이런 회담은 정전협정과 관련이 없는 건가요? 북한이 남한을 상대국으로 인정하지 않는다면 이런 회담을 하는 게 무슨 의미가 있죠?

아니, 그렇지 않아. 남북 간의 회담은 정전협정과 관련된 회의라고 할 수 있어. 정전협정에는 정전 뒤 3개월 내에 정치회담을 소집해야 한다는 조항이 있거든. 남한은 이 정치회담에 참가했어. 1953년 8월 28일자 유엔총회결의 제711호와 베를린에서 개최된 미국·영국·프랑스·소련(현 러시아) 외무장관 회담에서 발표한 공동성명에 따르면 한반도 문제에 대한 회의에 남한은 주체로 참가하였고, 정전협정 체결 이후 협정 의무를 이행해왔지. 북한 역시 남한의 정전협정의 준수를 요구하였고, 위반이 있다고 판단되면 항의하기도 했어. 또 1991년 12월 13일 체결된 남북기본합의서인 〈남북 사이의 화해와 불가침 및 교류협력에 관한 문서〉처럼 남북한이 직접적인 군사협정 존중 의무를 문서로 만들었다는 사실로 볼 때, 정전협정의 권리와 의무가 남한에도 적용되고 있다고 보아야겠지.

이런 여러 가지 상황을 따지고 보면, 남한이 정전협정에 서명하지는 않았지만 DMZ에 대한 관할권을 갖고 있다고 할 수 있어. 다만, 당장에는 독자적인 권한을 행사할 수는 없고 유엔사와의 협력과 합의가 이루어져야만 한다는 거지. 우리 땅이니까 우리가 관할권을 갖고 있다고 쉽게 생각할 수도 있지만, 상당히 복잡하게 얽힌 것은 사실이야. 이 역사적 과정을 잘 이해하면서 이후 바람직한 해법을 찾아가는 것이 우리의 중요한 과제일 거야.

정전협정은 아직도 유효한가요? 그렇다면 전쟁이 끝난 것이 아니라 휴전상태라는 건데, 전쟁을 끝낼 방법은 없나요?

법적인 측면이나 형식적인 측면에서 정전협정은 아직 유효하다고 봐야지. 1953년 정전협정 체결로 시작된 '일시적으로 전쟁이 중단된 상태'가 현재에도 계속되고 있는 거란다. 그러나 정전체제는 사실상 기능을 발휘하고 있지 못하다고 보는 것이 맞을 거야. 물론 최근에 서해에서 무력충돌이 발생하는 등 전쟁의 위험이 완전히 사라진 것은 아니지만, 전면적으로 전쟁을 할 위험은 과거에 비해 많이 사라졌다고 봐야 할 거야.

정전체제가 사실상 기능을 발휘하지 못한다고 보는 데는 몇 가지 역사적인 이유가 있단다. 1991년 남한 군 장성이 군사정전위원회에 참가하자 북한은 정전협정의 위반이라고 주장하면서 이때부터 군사정전위원회에 불참했어. 1994년 4월 28일에는 군사정전위원회에서 일방적으로 철수하고 말았지. 중국 역시 같은 해 9월 1일 군사정전위원회에서 철수했는데, 중국은 탈퇴했다고 보는 것이 타당할 거야. 또 정전체제에서 협정 내용을 잘 이행하고 있는지 감시하는 중립국감독위원회[4] 4개국인 스위스, 스웨덴, 체코슬로바키아, 폴란드 중 북한의 입장을 주로 대변했던 체코슬로바키아와 폴란드가 1995년

2월 철수했지. 급기야 5월 3일에는 판문점 중립국감독위원회 북측사무실을 폐쇄해버렸어. 그래서 1953년 7월 정전협정 체결 이후 개시되었던 군사정전위원회와 중립국감독위원회 활동은 사실상 중단된 상태란다.

하지만 다른 방식으로 회의나 회담은 꾸준히 열리고 있어. 현재는 북한과 유엔사 또는 남한과 북한 간 장성급회담을 통해 정전과 관련한 협의를 하고 있는 상태야.

이런 정황을 보면 정전협정 자체가 무의미해졌다고 볼 수 있지. 그렇지만 한편으로 보면 정전협정은 여전히 남아 있어. 왜냐하면 아직 국제법상으로 정전협정을 대체할 협정이 체결되지 않았기 때문이야. 그리고 DMZ에서 남한과 북한이 여전히 초긴장 상태의 긴박한 군사적 대치 상태가 유지되는 것을 보면 엄연히 정전체제 상태에 놓여 있는 거지.

사실상 정전협정이 무의미해지긴 했지만 새로운 대체 협정, 예를 들면 전쟁이 끝났다는 종전협정이나 평화협정 등이 공식적으로 체결되어야만 정전협정 체제가 끝날 수 있단다. 그리고 정전협정 체제가 끝나야 우리가 희망하는 화해와 평화의 시대도 열리게 되겠지. 그렇게 만드는 것이 바로 남북한 모두의 책임과 의무인 거야.

---

4 중립국감독위원회(NNSC, Neutral Nations Supervisory Commission)는 정전협정이 체결되면서 설립되었다. 유엔군사령부 군사정전위원회 소속으로 4개의 국가로 구성되며, 2개의 중립국은 유엔군사령부에서 지명하였고, 2개의 다른 중립국은 조선인민군과 중국 인민해방군에서 지명하였다. 이들 중립국은 한국전쟁에 가담하지 않은 국가로 규정되었으며, 유엔군사령부 측에서는 스웨덴과 스위스를, 조선인민군과 중국 인민해방군 측에서는 폴란드와 체코슬로바키아를 선택했다.

사실 북한은 그동안 평화협정 체결 요구를 남한이 아닌 미국에 지속적으로 해왔어. 앞서 이야기한 정전협정 체결 당사자가 남한이 아니라는 이유도 있었겠지만, 미국의 대북 적대정책으로 인한 북한의 정치, 경제, 사회적 압박을 해소하기 위한 것이기도 하겠지. 그래서 북한은 1993년과 94년, 2000년에 미국과 기본적인 합의를 하기도 했어. 하지만 이러한 북미간 노력도 성공을 거두고 있지는 못해. 2008년과 2010년 초에도 북한은 미국에게 평화협정 체결을 요구했지만, 아직 뚜렷한 진전은 없는 상황이야.

정전협정이 사실상 무의미하다는 이유로 남북은 아무런 노력도 하지 않았나요? 만약 그렇다면 앞으로도 전혀 희망이 보이질 않잖아요. DMZ와 연관해서 남한과 북한이 합의하거나 공동으로 실천한 사항들이 있나요?

물론 있었지. 2000년 김대중 대통령과 김정일 국방위원장의 남북정상회담 이후 DMZ와 관련해 몇 가지 의미 있는 조치들이 진행되었어. 전쟁이 발발하면서 끊어졌던 철도가 다시 연결된 거야. 경제협력을 하기로 합의하면서 물자나 사람을 수송하기 위해 철도를 다시 개설한 거지.

제1차 남북정상회담 직후 서울에서 열린 제1차 남북장관급회담에서는 '경의선 철도의 끊어진 구간을 연결'하는 데 합의하였지. 그 다음 평양에서 개최된 제2차 정상회담에서도 남과 북은 '끊어진 철도를 연결하고 남한 문산과 북한 개성 사이의 도로를 개설'한다는 공동보도문을 발표했어.

이제 남은 것은 군사적 합의야. 2000년 11월 17일에 판문점에서 개최

반세기 만에 북으로 가는 기차, 경의선의 모습이다. 제1차 남북정상회담 이후 전쟁으로 끊어진 남북한 간의 철도와 도로가 50여 년 만에 연결되었다. 비무장지대 일부구역 개방이 이뤄지고, 이 구역을 남북 한이 공동으로 관리하는 '공동관리구역지정'에 합의하였다. 비무장지대 안에서 남북한 간의 평화적 공 동관리구역이 최초로 만들어졌다.

된 유엔사와 북한간 제12차 장성급 회담을 통해 〈비무장지대 일부구역 개방에 대한 국제연합군과 조선인민군 간 합의서〉가 채택되었지. 경의선 철도와 도로 연결을 위한 DMZ 내 일부구역 개방을 비롯해 이와 관련된 관리구역 설정과 군사적, 기술적 문제를 남북이 직접 협의하여 처리하기로 한 거야.

　　그러니까 전쟁이 나서 끊어진 철도와 도로를 50년 만에 다시 연결하기로 합의한 거지. 역사적으로 아주 중요한 합의를 이룬 거야. 길을 놓는다는 것이 무슨 의미겠니. 서로 연결한다는 거잖아. 전쟁에서 다시 평화로 간다는 의미를 담고 있다고 봐.

정말이요? 철도나 도로를 연결하려면 DMZ를 통과해야 하잖아요.

　　그렇지. 그래서 의미가 크단다. 철도나 도로를 연결하기 위해서는 무시무시한 군사력이 대치하고 있는 DMZ 일부를 개방하지 않을 수 없어. 그래서 군사분계선을 중심으로 경의선 철도 연결공사를 위해 필요한 DMZ 내의 일정 구역을 개방하기로 합의했단다. 그리고 이 구역을 남북한의 '공동관리구역'으로 설정하는 데에 유엔사인 미국도 동의하였지. 이 합의는 현재 군사적으로 대치하고 있는 DMZ의 원형은 유지하면서, 남북한 공동관리구역으로 지정되는 이 지역에 대해서는 정전협정 규정의 적용을 받지 않는다는 내용도 포함하고 있어. 그러니까 DMZ 내에 남북한이 공동으로 관리하는 구역이 생겨난 거야.

　　이후에도 이와 유사한 합의들이 이루어졌단다. 2002년 9월 17일 제7

차 남북군사실무자회담에서는 DMZ 일부 지역의 개방을 위한 합의서가 체결되었고, 이 합의서는 개방된 지역에서의 관리를 남북한이 공동 수행하도록 규정하고 있지. 또한 2003년 1월 17일, 공동경비구역 내의 일시적 도로통행을 위한 군사보장 합의서에서도 남북한 공동관리 규정을 만들었어.

이처럼 1953년 이후 정전위원회체제에서 관리되어 오던 DMZ는 시간이 지나면서 상당한 변화를 맞게 된 거야. 남북 간의 직접 대화가 자주 열리고, DMZ를 남북한이 공동 관리하는 형태로 변하고 있는 거지. 이런 변화를 보면 앞으로 다른 분야에서도 그 가능성을 엿볼 수 있는 거야.

특히 아빠가 관심을 갖고 있는 DMZ 생태계 분야도 마찬가지일 수 있지. 지금까지는 경제협력 차원에서 이뤄지고 있지만, 생태계 조사나 환경보전 등을 목적으로 DMZ 내에서 공동조사 등이 가능해질 수 있다는 거야. 공동조사는 아니지만 DMZ 내 생태계 조사는 남한 단독으로 지난 2008년부터 매년 진행하고 있는데, 이것도 상당한 변화라고 볼 수 있어.

DMZ의 위상이 비록 특수한 목적 때문에 일부 구간에 한정되어 변화되고 있기는 하지만, 해당지역을 남북이 공동 관리한다는 것이 중요한 거지. 그리고 이를 뒷받침하는 합의도 마련되었고. 남북한은 1991년 합의한 〈남북기본합의서〉에서 남북군사공동위원회를 구성해서 DMZ에 대한 평화적 이용을 협의하기로 했거든. 그래서 1953년의 정전협정은 법적으로는 존재하지만 사실상으로는 존재하지 않는다고 볼 수 있어. 남한과 북한, 북한과 미국 등의 당사국 간의 회담이나 합의로 대체되었다고 볼 수 있는 거야. 이렇게 되면 복잡한 DMZ의 관할권 역시 남북한이 중심이 돼서 더 많은 부분을 평화적으로 이용할 수 있지 않겠니.

이런 긍정적인 변화가 있기 때문에, 지금 남북 관계가 나쁘다고 하지만 길게 보면 좋은 관계로 변화될 것이라고 확신해. 그렇게 되어야만 하고. 그리고 이런 긍정적인 흐름이 계속된다면 아마도 가장 먼저 DMZ의 군사대치 상황이 변하게 될 거야. 지금의 중무장된 군사력을 완화시키거나 해소하는 방안이 논의될 수밖에 없지. 그래서 향후 DMZ의 관할권과 역할에 대해 우리 모두의 준비가 필요해. 다가올 미래를 미리 준비해야지. 그렇지 않으면 갑작스럽게 닥치는 일에 허둥대게 되고 결국 중요한 것을 놓칠 수 있어.

이 모든 일이 가능하기 위해서는 전쟁의 상처를 딛고 평화로 가는 새로운 전기가 마련되어야 하겠지. 평화로 가는 길을 찾아야 한다는 거야. 우리, 그럴 거라고 한 번 기대해보자.

생명이 살아 숨 쉬는 DMZ, 그곳에 가고 싶다

아빠 얘기를 들으니까 DMZ에 가보고 싶다는 생각이 들어요. DMZ에 대한 호기심도 더 생겼고요. DMZ는 정확히 어디고, 어느 정도 규모인가요?

네가 DMZ에 대해 관심을 갖고 알고 싶어 하는 모습을 보니 아빠는 너무 기쁘구나. 그래, 지금까지 한국전쟁이 발발하고 정전협정이 체결되는 등 DMZ가 생기게 된 역사적 배경에 대해 얘기를 했으니까, 이제 이 지역에 대해서 폭넓게 얘기를 해보도록 하자.

지도에서 볼 수 있듯이 DMZ는 한반도의 중앙을 가르는 구역이야. 군사분계선으로부터 남북으로 각각 2km 지점에 북방한계선과 남방한계선을 설치하여 남북 4km, 파주 임진강변에서 강원도 고성 명호리까지 동서 248km 내부의 지역을 말하지. 군사분계선은 땅바닥에 금이 그어져 있거나 철책선으로 이어져 있지 않아. 임진강 하구에서 파주, 연천, 철원, 양구, 인제를 거쳐 동해안 고성의 명호리까지 약 200m 간격으로 1,292개의 표지말뚝을 세워 한반도를 가르고 있지. 그러니까 DMZ를 구체적인 지명으로 설명하면

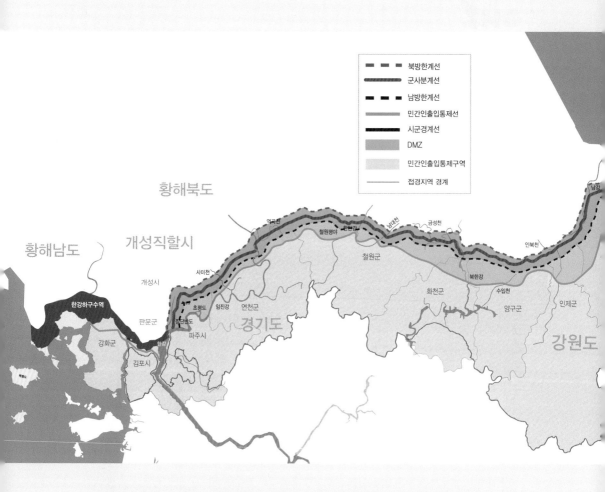

凡例
북방한계선
군사분계선
남방한계선
민간인출입통제선
시군경계선
DMZ
민간인출입통제구역
접경지역 경계

황해북도

황해남도

개성직할시

한강하구수역

개성시

사미천

판문군

강화군

김포시

한강

초평도

임진강

연천군

역곡천

철원평야

한탄강

철원군

남대천

경기도

화천군

북한강

양구군

수입천

금성천

인북천

인제군

남강

강원도

DMZ는 군사분계선으로부터 남북으로 각각 2km 지점에 북방한계선과 남방한계선을 설치하여 남북 4km, 파주 임진강변에서 강원도 고성 명호리까지 동서 248km 내부의 지역을 말한다.

파주시 장단면 정동리의 군사분계선 0001호 표지말뚝부터 강원도 고성군 현내면 명호리의 1,292호 표지말뚝까지를 이은 군사분계선을 기준으로 남북으로 각각 2km 내부 지역을 말하는 거야.

그 외에 임진강 하구로부터 강화도의 끝섬에 이르는 지역은 '한강하구수역Han River Estuary'이라 부르는데, 남북공용의 특수구역으로 중립지역이지. 지도에 있는 '민간인출입통제구역Civilian Control Zone'은 군사분계선에서 남방 10km 범위 안에 설치된 민간인통제선Civilian Control Line과 남방한계선 사이의 지역인데, DMZ만큼이나 생태적 가치가 높은 곳이란다.

DMZ의 면적은 총 992km²였는데, 지금은 면적이 약 907.3km²로 축소되었어. 이 면적은 한반도 전체 면적의 약 0.41%인데, 대략 제주도의 절반 정도 되는 면적이라고 해. DMZ 면적이 처음보다 축소된 이유는 남과 북 모두 군사분계선으로부터 2km씩 후퇴라는 규정을 어기고, 남방한계선과 북방한계선을 군사분계선 쪽으로 옮겨갔기 때문이야. 서로 감시를 잘하기 위해 거리를 좁혔다고 해.

그럼, 이 지역은 어떤 상태인가요? 전쟁으로 파괴되고 그 뒤에도 사람이 살 수 없었을 테니까 황폐하겠죠?

아니, DMZ 안에는 마을이 있고 사람이 살고 있단다. 남한에는 대성동 마을이 있고 북한에는 기정동 마을이 있지.

정전협정 후속조치였던 1953년 8월 남측과 북측의 '사민似民의 비무

남한 대성동 마을에는 남한에서 가장 높은 99.8m의 국기 게양대가 있다. 북한 기정동 마을에는 세계
에서 가장 높다는 160m 높이의 인공기 게양대가 있다.

장지대 출입에 관한 협의'를 근거로 DMZ 내에 남쪽에는 일명 '자유의 마을'로 불리는 대성동 마을이, 북쪽에는 기정동 마을이 만들어진 거야. 대성동 자유의 마을은 DMZ 안에 있는 남한의 최북단 마을로, 군사분계선으로부터 약 500m 거리에 있으며 판문점 공동경비구역과 인접해 있지.

한국전쟁 당시 남으로 피난을 갔던 주민 일부가 1953년 봄 귀향하여, 대성동에는 30가구 160명이 거주하게 되었어. 당시 이 일대에서 치열한 전투가 계속 전개되고 있었지만, 대성동은 휴전회담이 열리고 있던 판문점 부근이어서 교전이 이루어지지 않았어. 그래서 마을에 주민의 거주가 가능했지. 정전협정 체결 이후에는 귀향이 허용되지 않았기 때문에, 이때 귀향하지 못한 사람들은 대성동에 돌아올 수가 없었다는구나.

그래서 마을주민 대부분이 한국전쟁 이전부터 이곳에 살았던 사람들이야. 이 마을 주민 대부분은 농업에 종사하고 있고 국방의 의무와 납세의 의무는 면제되어 있어. 그러니까 이 마을에 사는 사람들은 군대를 가지 않고 세금을 내지 않아도 된다는 거지.

북한의 기정동 마을은 남한의 대성동 마을에서 직선거리로 1.8km 떨어진 곳에 있는데, 북측 DMZ 내에 위치한 북한의 최남단 마을이란다. '평화촌'이라고도 부르지. 마을 입구에는 세계에서 가장 높다는 160m 높이의 인공기 게양대가 있어. 남한의 대성동 마을에 있는 게양대 높이는 99.8m로 남한에서 가장 높아.

생각해보면 참 아이러니한 일이야. 남한은 마을 이름이 '자유'이고 북한은 '평화'라고 하면서도 정작 자유와 평화는 아직 멀기만 하니까 말야. 사실 이 두 마을은 남한이나 북한이나 스스로의 체제가 좋다고 서로 선전하는 역할을 하고 있어.

　　DMZ 일원지역이 전쟁으로 파괴된 것은 사실이지만, 지금까지 황폐할 거라고 생각했다면 현재 DMZ 모습에 깜짝 놀랄 거야. 북한의 기정동 마을은 잘 알려져 있지 않아 모르겠지만, 남한 대성동 마을은 자연생태계가 매우 우수한 지역이거든. 자연의 놀라운 복원력 덕분이지. 오랜 세월 사람들이 농사를 짓고 자연적으로 사니까 자연생태계가 복원되고 잘 보전될 수밖에 없지. 그래서 앞으로도 이 마을을 생태적이고 평화적인 마을로 잘 보전할 필요가 있단다.

　　재미있는 얘기 하나 해줄까? 미국에는 두루미를 중심으로 철새를 조사하고 보전활동을 하는 '국제두루미재단ICF, International Crane Foundation'이라는 비정부기구NGO, non-governmental organization가 있어. 민간국제단체로 1973년에 창립되었지. 재단의 창립자이자 대표가 조지 아치볼드 박사인데, 과거에 DMZ에서 근무한 적도 있었어. 한국에도 자주 찾아오는데, DMZ 일원지역에 살거나 찾아오는 두루미나 철새 등을 조사하는 일을 하고 있지.

　　한번은 아빠가 조지 아치볼드 박사와 함께 민통선지역을 방문한 적이 있었어. 그 때 아치볼드 박사가 한국의 새 '따오기'에 대해 몹시 궁금해 하는 거야. 1970년경 DMZ에 근무할 당시 대성동 마을 주변에서 마지막으로 따오기의 울음소리를 듣고, 그 다음에는 듣지 못했다고 하더구나.

새들의 낙원인 대성동 저수지의 모습. 비무장지대 안의 대성동 마을은 일명 '자유의 마을'로 군사분계선으로부터 약 500m 떨어진 남한의 최북단 마을이다. 판문점 공동경비구역과 인접해 있다. 북한의 기정동 마을은 북한의 최남단 마을로 일명 '평화촌'이라 부른다. 대성동 마을과 인접한 판문점 주변에서 멸종된 따오기의 울음소리를 마지막으로 들었다고 한다.

따오기의 마지막 울음소리를 대성동 마을에서 들었다고요? 그럼, 지금 우리나라에는 따오기가 없나요?

환경부의 공식발표에 의하면, 현재 우리나라에서 따오기는 멸종되었어. 그래서 아빠는 몇몇 동료들과 함께 '따오기 복원 프로젝트'라는 아이디어를 제안했지. 대성동 마을이 따오기 서식처로 좋은 지역이고 평화 차원에서도 의미가 있으니 따오기를 복원하면 좋겠다는 생각이었지. 따오기는 중국 쓰촨성에서 약 200여 마리를 복원시켜 키우고 있고, 일본에서도 중국에서 따오기를 데려다 복원을 진행하고 있어.

그런데 이 아이디어가 전해진 것인지, 누가 같은 아이디어를 낸 것인지 정확히 알 수 없지만 2008년 경남 창원에서 열렸던 제10차 람사르협약 당사국 총회를 기념하기 위해 따오기를 경남 창녕 우포늪에 복원하기로 하고 중국에서 한 쌍을 들여왔단다. 따오기의 서식처로서 우포늪이 적절한지는 알 수 없지만, 북쪽의 대성동 마을에서 마지막으로 울었던 따오기가 남쪽의 우포늪으로 간 셈이지.

참, 람사르협약에 대해 잠깐 설명할게. 람사르협약은 습지의 보호와 지속가능한 이용에 관한 국제 조약이야. 공식 명칭은 '물새 서식지로서 특히 국제적으로 중요한 습지에 관한 협약The Convention on Wetlands of International Importance Especially as Waterfowl Habitat'인데, 1971년 2월 2일 이란의 람사르에서 18개국이 모여 체결했고, 1975년 12월 21일부터 발효되었지. 우리나라는 1997년에 101번째로 가입했고, 2010년 6월 현재 160개국이 가입되어 있어.

정말 뜻밖이네요. 저는 DMZ가 무시무시하고 황폐한 곳인줄 알았는데, 사람도 살고 있고 자연생태계까지 우수하다니 정말 놀라워요. 그런데 아빠, 조금 헷갈려서 그러는데, 아빠가 자주 말하는 DMZ 일원지역이라는 말과 DMZ는 다른 의미인가요?

DMZ 일원지역이라는 말은 DMZ와 그 주변지역을 부를 때 쓰는 말이지. 법과 제도의 용어로 본다면 DMZ, 민간인통제구역, 접경지역을 모두 포함하는 것으로 보면 돼. 그런데 이런 구분들은 모두 남한에서만 사용되는 개념이야. 북한에서는 민통선이나 민간인통제구역, 접경지역이라는 구분이 없다고 해. 북한은 군사적으로 중요한 지역은 '여행제한지역'으로 구분해서 출입을 통제하고 있지.

아빠가 DMZ 일원지역이라는 말을 자주 하는 것은 DMZ의 생태계에 있어 상당히 중요한 지역이기 때문이야. 다시 말하면 DMZ를 포함하여 주변지역, 바로 DMZ 일원지역이 하나의 연결된 생태계를 이루고 있기 때문이란다. 그래서 DMZ 일원지역이라는 개념은 자연생태계 측면에서는 매우 중요한 의미를 담고 있다고 봐야 해.

하나씩 좀 더 자세히 살펴보자. DMZ은 앞에 얘기했으니 DMZ 일원지역의 하나인 민간인통제구역에 대해 설명해줘야겠구나. 민간인통제구역은 말 그대로 민간인의 출입을 통제하거나 제한하는 구역이라는 의미야. 군사적으로 중요한 지역이기 때문에, 사람의 출입을 금지하거나 필요할 때만 출입시킨다는 것이지. DMZ와 그 주변에 있는 군사시설 보호와 보완유지 목적이 있고, 군 작전지역이기 때문에 이 일대는 민간인 출입을 통제하거나 제한하고 있단다.

처음에 민간인통제구역은 DMZ 남방한계선으로부터 남쪽으로 5~20km에 이르는 민간인통제선(민통선)까지의 구역으로 지정되었어. 동해안에서 서해안까지 DMZ를 따라 띠 형태를 이루고 있지만 바다에는 지정하지 않았지. 이 구역을 처음 만들 당시 총 면적은 1,528km²(강원도 1,048km², 경기도 480km²)였어. 하지만 2002년을 기준으로 총 면적 2,720km²(강원도 1,889km², 경기도 659km², 인천광역시 180km²)로 늘어났다가, 2008년 '군사기지 및 군사시설 보호법'에 의해 민통선을 10km 이내로 지정한다고 개정되어 민간인통제구역의 면적은 다시 줄어들게 되었지.

민통선은 '군사기지 및 군사시설 보호법'에 의해 '고도의 군사활동 보장이 요구되는 군사분계선의 인접한 지역에서 군사작전상 민간인의 출입을 통제하기 위해 국방부 장관이 군사분계선 이남 10km 범위 이내에 지정한 선'으로 정의하고 있어.

민간인 출입을 통제하거나 제한하고 있다면 이 지역에는 사람들이 살지 않겠네요.

처음에는 민통선이라고 하지 않았단다. 1954년 2월 미 육군 제8군단 사령관의 직권으로 귀농선歸農線으로 설정했지. 귀농선은 말 그대로 농업을 제한하는 지역이라는 의미야.

민간인통제구역 내에 있는 인삼밭(위)과 모내기하는 농민의 모습(아래). 민간인통제구역은 군사분계선
으로부터 10km 이내에 설치된 민통선까지의 지역으로 총 10개 마을이 있다. 접경지역은 민통선으로
부터 25km 이내의 지역으로, 개발이 되지 않아 낙후된 지역들이 많다. 모두 한국전쟁 이후 군사적 목
적에 의해 생겨났으며, DMZ 일원지역은 이 지역 전체를 말한다.

그런데 1958년 6월 이 지역을 담당하게 된 남한군이 귀농선의 이북지역에 대해서도 군사작전과 보안유지에 지장이 없는 범위에서 출입영농과 입주영농을 허용하기로 하면서 변화가 생겼어. 명칭도 귀농선에서 민간인통제선으로 바뀌었지. 물론 사람들이 모여살고 있는 마을도 있어. 그러니까 이 지역은 사람의 출입을 완전히 막은 것이 아니라, 농사를 지을 목적이나 필요한 이유가 있을 경우에는 거주도 하고 출입도 가능한 지역이란다. 1972년에는 군사시설보호법에 의해 법률로 정하게 되었지. 민통선 이북지역에 있는 마을은 경기도 4곳(921명), 강원도 6곳(1,694명)으로 총 10곳이야. 지금도 이 지역을 통과하려면 신분증을 제시하고 군인들의 허가를 받아야만 해. 좀 더 군사적으로 민감한 지역의 출입은 사전에 허가를 받아야 가능하지.

자, 그럼 이제 DMZ 일원지역 중의 또 다른 하나인 접경지역에 대해 얘기해볼까?

접경지역이라는 말은 다소 생소한데 군사적인 목적 때문에 만든 것인가요?

아니, 그렇지 않단다. 접경 接境 border 지역이라는 말을 사용하게 된 것은 이와 관련된 법을 제정하면서부터야. 접경지역을 구분하여 법률로 제정한 이유는 이 지역이 군사지역이라 그동안 개발하는 데 제한을 받아 민원이 자주 제기되었기 때문이지. 군사작전 지역이기 때문에 도로도 없고 발전도 잘 안되어 주민이 불편하고 불만도 많지. 그래서 정부는 2000년 '접경지역지원법'을 만들었고, 접경지역이라는 용어와 지역이 생겼단다.

이 법을 만든 취지는 '분단으로 낙후된 접경지역의 경제발전과 주민복지 향상을 지원하고, 자연환경을 체계적으로 보전·관리하며, 평화통일의 기반을 조성하기 위해 필요한 사항을 규정'하기 위해서라고 해. 지역마다 다소 차이가 있기는 하지만 접경지역들은 민통선 이남으로부터 25km 이내에 소재한 지역들로, 군사적 목적 때문에 개발이나 발전이 낙후된 지역들이야.

원래 접경지역은 국가와 국가가 인접한 경계지역을 말한단다. 국가의 경계선인 국경 주변의 지역들을 말하지. 그래서 이 개념을 DMZ 지역에 적용하는 것은 논란이 될 수 있어. 왜냐하면 지금은 남북이 나누어져 있기는 하지만 서로가 상대방을 영속적인 국가체제로 인정하지 않고 통일을 지향한다는 점에서는 접경지역이라는 말이 모순적일 수 있기 때문이야.

또한 남북한 모두 DMZ를 국경선으로 부르지 않거든. 남한은 국경을 마주 대하는 나라가 없기 때문에 상상하기가 어렵지만, 북한은 중국과 러시아와 마주하고 있잖아. 그래서 북한이 중국이나 러시아와의 국경 인접지역을 접경지역이라고 부르는 것은 당연하겠지. 하지만 남한과 북한의 인접지역을 접경지역이라고 부르는 것은 생소할 수밖에 없어. 그래서 이 말은 한시적인 용어나 제한적인 의미로 사용해야 한다고 생각해. 더 적합한 말이 있으면 아빠는 지금이라도 바꾸면 좋겠어.

이제 DMZ 일원지역에 대해서는 지리적으로 이해가 됐어요. 하지만 왜 아빠가 그렇게 DMZ 일원지역의 생태계가 중요하고 보전해야 한다고 말씀하시는지는 아직 잘 모르겠어요.

그럴 수 있지. 이제 DMZ 일원지역의 생태계에 대한 얘기를 할 때가 되었구나. 우선 이 얘기를 하기에 앞서 환경과 생태계의 개념 차이를 알아두는 게 필요할 것 같구나. 앞으로 자주 듣고 사용하게 될 말이니까.

환경環境 environment의 사전적 의미는 '생물에게 직·간접으로 영향을 주는 자연적 조건이나 사회적 상황'이란다. 그러니까 환경은 자연조건이나 주위의 상태를 말하는 것이지.

반면, 생태계라는 말은 주체와 조건을 구분하지 않지. 생태계生態系 ecosystem의 사전적 의미는 '어느 환경 안에서 사는 생물군과 그 생물들을 제어하는 기후, 토양 등 제반요인을 포함한 복합체계'란다. ECO는 그리스어로 집이란 뜻의 oikos에서 유래했다고 해. 집은 단순한 공간적인 의미만이 아니지. 그 안에 살고 있는 모든 생명체와 그들 간의 상호관계, 환경, 그리고 더 나아가서는 울타리, 즉 외부공간까지도 포함하는 것이라고 할 수 있어.

쉽게 얘기하면 집에는 가족이 있는데 '나'라는 존재뿐만 아니라 부부, 부모, 형제 등 상호관계, 이들 상호관계를 유지하기 위한 소통과 질서, 문화 등이 있을 수 있고, 동물을 기른다면 또 다른 생명체와의 관계가 맺어지지. 집이 유지되기 위해서는 생활용품이 필요하고, 먹고 살기 위해서는 노동과 경제활동을 해야 하겠지. 또한 함께 사는 공간인 집이 있어야 해. 이 모든 것을 생태계라고 할 수 있어.

한마디로 생태계는 생물군과 생물들과의 유기적 관계, 그리고 환경 모두를 포괄하는 개념이야. 그래서 넓게는 지구 전체를 하나의 집, 즉 하나의 생태계라고도 할 수 있는 거란다.

그러면 생태계는 환경보다 훨씬 넓은 의미를 갖는 말이네요?

강 보전운동을 예로 환경과 생태계의 의미를 구분해보자. "깨끗한 물을 먹기 위해 강을 보전하자"고 주장하면 이는 환경적인 내용이 되지. 사람의 외부적 조건, 즉 사람이 먹을 수 있는 깨끗한 물을 보전해야 한다는 것이잖아. 그러니까 환경이라고 할 수 있지. 그런데 만약 "강의 생태계를 보전하자"고 주장하면 의미가 달라져. 인간을 포함한 강과 연결되어 있는 다양한 생물들, 강물 속의 생물들뿐만 아니라 강과 연결되어 있는 육지 생물들까지도 보전해야 한다는 의미가 되는 거야.

"호랑이가 살 수 있도록 백두대간을 보전하자"는 말과 "백두대간의 생태계를 보전하자"는 말은 동일한 지역이나 영역을 지칭하는 것이기 때문에 같은 의미로 볼 수도 있지. 그렇지만 차이도 있어. 호랑이가 살 수 있는 백두대간이라고 해서 백두대간에 있는 모든 생태계를 말하는 것은 아닐 수도 있기 때문이야.

생물종이 풍부하고 다양해야 좋은 생태계라고 할 수 있지. 만약 생물종이 단조롭고 다양하지 못하다면 이는 건강한 집이 될 수 없는 거야. 만약 우리가 살고 있는 지구에 인간을 포함하여 몇몇 종만이 남게 된다면, 과연 푸른 생명력을 유지할 수 있을까? 그럴 수 없을 거야. 결국 인간도 심각한 파멸에 직면하게 되겠지. 그래서 생태계를 잘 보전해야 하는 거란다.

왜 DMZ 일원지역이 중요하고, 이 지역을 보전해야 하는지 물어봤지? 물론 DMZ 일원지역의 생태계만을 강조해서 보전하자는 것은 아니야. 다른 지역도 보전해야 할 생태계가 많이 있지. 그런데 이 지역은 좀 특수한 지역이기 때문에 강조하는 거란다.

우선 이 지역은 한국전쟁과 분단 때문에 1953년부터 사람의 출입이 아주 줄어들었고, 거의 개발을 하지 못했지. 그러다보니 오랜 세월이 흐르면서 자연스럽고 건강한 생태계가 만들어졌어. 인간의 발자국이 사라지고 개발행위가 없어졌기 때문에(이를 인위적인 간섭이 줄어들었다고 해.) 생태계가 이렇게 보전될 수 있었던 거야. 한국전쟁으로 사람뿐만 아니라 자연도 참혹한 피해를 입었는데 자연스럽게 복원된 거야.

그래서 이 지역의 생태계를 특수하게 이해해야만 하는 거란다. 너도 한번 생각해봐. 이 지역에 전쟁이나 분단이 없었다면 지금 어떤 모습일까? 현재 우리가 살고 있는 지역의 모습과 똑같지 않았을까? 사람들이 농사도 짓고, 집도 짓고, 마을도 만들고 하면서 자연을 이용했을 테니까. 그런데 이 지역을 이용할 수 없으니까 생태계가 원래의 상태로 되돌아간 거지. 이런 지역은 세계적으로도 찾기가 힘든 곳이란다. 그렇기 때문에 더욱 소중한 지역이라 할 수 있어.

한반도의 지형을 보면 백두대간을 중심으로 그 생태계를 구분할 수 있단다. 다시 말하면 남북축의 생태계가 형성되어 있지. 그런데 DMZ 일원지역으로 인해 동서를 연결하는 생태계가 만들어진 거야. 이것도 우리나라 지형조건에서는 매우 특수한 경우라고 할 수 있어. 서쪽의 해안과 갯벌지역에서 중부내륙평야지역, 그리고 동쪽의 산악지대까지 넓은 동서축의 생태계를 이루고 있지.

철조망에 둘러싸인 DMZ 생태계의 모습. DMZ 일원지역의 생태계는 매우 특이하고 우수하다. 60여 년
동안 사람들의 출입이 제한되면서 오랜 세월동안 자연스러운 생태계가 만들어졌기 때문이다. 인위적
인 간섭이 적고 개발행위가 없었기 때문에, 전쟁으로 인해 파괴된 생태계가 빠르게 복원되어 세계적
으로도 매우 희귀하고 특이한 생태계를 이루고 있다.

아, 그렇구나. 세계적으로도 찾기 힘든 특수한 생태계 지역이라고 하니까 더 궁금해요. 그럼, 이 지역에 살고 있는 많은 동식물들도 아주 중요하겠네요?

맞아. 지금까지 여러 정부기관에서 조사를 해왔지. 1995~2000년까지 DMZ 일원지역을 조사한 산림청 국립산림과학원에 의하면 이 지역에 살고 있는 동식물은 전체 1,866종으로, 동물종은 672종, 식물종은 1,194종이 있는 것으로 파악하고 있어. 2003년 환경부 조사에 의하면 비무장지대와 인접지역에서 발견된 식물이 1,597종이나 된다는구나. 이는 남한지역에 있는 전체 식물종의 34%에 속하는 수치란다. 어류는 106종으로 남한 전체 어류의 12%, 양서·파충류는 29종으로 남한 전체 양서·파충류의 71%, 조류는 201종으로 남한 전체 조류의 51%, 포유류는 52종으로 남한 전체 포유류의 52%가 이곳에 있는 것으로 조사되었어. 많은 야생동식물이 DMZ 일원지역에 살고 있는 거지.

너도 멸종위기 야생동식물이 있다는 말은 들어보았지? 환경오염이 심각하고 생태계가 파괴되면서 멸종되어 사라질 위험해 처한 생물을 지정하여 보호하고 있는데, 함부로 잡거나 훼손을 금지하고 있어. 멸종위기 야생동식물 I급은 개체 수가 현저하게 감소되어 멸종위기에 처한 야생 동식물이고, II급은 가까운 장래에 멸종위기에 처할 우려가 있는 야생동식물을 말해.

우리나라에서 멸종위기 종으로 지정해 보호하고 있는 야생동식물은 총 221종으로, 멸종위기 야생동식물 I급은 총 50종이고, 멸종위기 야생동식물 II급은 171종이야. 이 중 DMZ 일원지역에서는 멸종위기 야생동식물 I

급 18종, II급 66종으로 총 84종이 살고 있는 것으로 확인되었어. 전체 멸종 위기 야생동식물의 38%가 이곳에서 서식하고 있다는 거야.

환경부 지정 멸종위기종을 중심으로 좀 더 구체적으로 살펴보자. 멸종 위기종 중 식물종은 개느삼, 기생꽃, 매화마름, 솔나리 등 10종이야. 또 멸종 위기는 아니지만 자생식물 중 개체 수와 자생지가 감소되고 있어서 계속적인 보호와 관리가 필요한 식물로 산림청에서 지정한 희귀식물[1]은 34종, 특산식 물[2]은 48종이 있어.

포유류는 멸종위기 야생동식물 I·II급 11종이 서식하고 있는 것으로 알려지고 있는데 삵, 사향노루, 수달, 시라소니, 담비, 하늘다람쥐, 고라니, 멧 돼지 등이야. 국방부가 DMZ 지역에서 야생곰을 발견했다는 보도가 나온 적 이 있는데, 아빠도 곰이 출현했다는 지역의 주변을 조사한 적이 있어.

조류는 검독수리, 독수리, 개리, 재두루미, 저어새 등 총 44종의 멸종위 기 야생동식물 I·II급이 DMZ 일원지역 전역에 분포하고 있다고 해. 어류 는 가는돌고기, 꾸구리, 돌상어 등 8종의 멸종위기 야생동식물 II급과 23종 의 고유종固有種, endemic species 이 분포하고 있는 것으로 확인되었어. 고유종 이라는 것은 특정지역에만 살고 있는 생물을 말하는 거야.

---

1 산림청에서는 보전사업을 수행하면서 희귀 및 멸종위기식물(rare and endangered species) 이라는 명칭으로 통칭하여 사용하였으나 자연환경보전법에서 2005년 멸종위기종을 별도로 구분 하여 명시한 후, 이 명칭과의 혼란을 피하기 위하여 '희귀식물'이라는 단일한 명칭으로 통일하여 사용하고 있다. 총 217종이 지정되어 있다.

2 특산식물(特産植物)이란 특정지역에만 자라는 지역 고유식물(固有植物, endemic plant)을 일 컫는다. 우리나라 특산식물로는 328종이 지정되어 있다.

현재 지구에서는 매년 3만 종의 생물종이 사라지고 있다고 한다. 지구온난화가 급격히 진행되고 아마존과 같은 생물다양성이 풍부한 열대우림이 급격히 파괴되고 있기 때문이다. 2030년이 되면 지구생물종의 1/4이 사라지고 없어질 것이라 주장도 있다. 이렇듯 생물종이 급격히 사라지면 지구의 운명은 어떻게 될까?

곤충류는 멸종위기 야생동식물 I급인 상제나비를 포함해서 멸종위기 야생동식물 II급인 왕은점표범나비, 고려집게벌레 등 6종의 보호야생종이 살고 있다는구나. 그 밖에도 282종의 버섯류 및 목질부후균류[3], 55종의 지의류[4]가 확인되고 있어. 향로봉, 건봉산 등 중요 생태계 지역 20여 곳도 DMZ 일원지역에 분포하고 있지. 이렇듯 DMZ 일원지역은 생물다양성 biodiversity 이 풍부할 뿐만 아니라 매우 중요한 생태계 지역들이 존재하지.

정말 놀랍지 않니? 남한 전체 국토 면적에 비하면 DMZ 일원지역은 아주 좁은데도 가장 다양한 생물종이 살고 있으니 말야. 그래서 생물다양성의 보고寶庫라고 말하는 거야. 그러나 아직 조사를 다 하지 않았기 때문에 더 많은 생물이 있을 것으로 추측하고 있단다.

게다가 국립환경과학원에서 진행한 '2008년 제3차 전국자연환경조사' 결과를 보면 DMZ 일원지역 중 일부인 판문점, 철원, 방산, 명파, 향로봉 등에서 동식물 3,209종이 발견되었어. 이 숫자는 전체 조사에서 발견된 5,153종의 동식물종 중 62.3%에 해당해. 그리고 멸종위기 야생동식물은 54종(24.4%)이 관찰되었지. 이 중 독미나리, 백부자, 붉은박쥐, 비둘기조롱이, 흰목물떼새, 잔가시고기, 가시고기, 물장군 등 8종은 이전 DMZ 일원지역 조사

---

3 버섯은 땅 위에 나는 임지발생균류(林地發生菌類)와 고목에 돋는 목재발생균류(木材發生菌類)로 대별할 수 있다. 목재발생균류를 목재부후균류 혹은 목질부후균류라고도 한다.

4 균류(菌類)와 조류(藻類)가 조합을 이루어 상리공생(相利共生)하는 식물군. 흔히 이끼류로 오인하기 쉬우나, 현미경으로 관찰하면 균체(菌體)라고 부르는 곰팡이류의 균사로 형성된 기질(基質) 안에 지의조(地衣藻)라고 부르는 수백만 개의 조류가 엮어져 있다.

에서 확인되지 않았던 멸종위기종이야. 이러한 조사결과를 보면 DMZ 일원 지역에는 아직 관찰되지 않은 야생동식물이 많을 거라고 추측할 수 있지.

DMZ 일원지역이 우리나라의 한정된 아주 좁은 지역인데도 생물다양성의 보고라고 불린다니 굉장해요. 그런데 아빠, 그 지역의 환경이 얼마나 특별하길래 그렇게 다양한 생물들이 살 수 있는 거죠?

음, 습지 얘기로 시작을 해보자. DMZ 일원지역에는 습지가 많이 있단다. 그러나 이 역시 모든 곳을 조사하지 못했기 때문에 아직 정확한 숫자나 규모, 가치를 평가할 수는 없다고 봐야 해.

습지濕地, **marshy land**는 말 그대로 습기가 많아서 축축한 땅을 말해. 이렇게 축축한 땅은 메마른 땅보다 생물들이 살기가 훨씬 좋아. 습하다는 것은 수분이 많다는 것인데, 수분 속에는 다양한 물질이 섞여 있기 때문에 작은 미생물들이 살기에는 적격이라고 할 수 있지. 습지는 물이 흐르다 고이는 과정이 오랫동안 반복되면서 형성된단다. 물이 고여 있기도 하고 흐르기도 하지만 항상 축축한 상태를 유지하고 있지. 육지에 있는 늪, 저수지, 강 언저리 등을 '내륙습지'라고 해. 또 바다에 있는 갯벌을 '연안습지'라고 하고, 강과 바다가 만나는 강 하구지역에 있는 습지를 '하구습지'라고 해. 하구습지는 민물과 바닷물이 만나면서 독특한 생태계를 이루기 때문에 그 가치도 아주 높아.

습지는 생태계에서 굉장히 중요한 역할을 하고 있어. 다양한 생물들이 살고, 물을 저장할 수 있으니 홍수나 가뭄의 피해를 막아주기도 해. 오염된

물질을 정화시켜 주는 역할도 하고. 그래서 습지는 생태적 가치뿐 아니라 경제적 가치도 아주 높단다.

우리나라 서해와 남해안의 연안습지인 갯벌은 세계 5대 갯벌에 속할 정도로 매우 뛰어난 생태계로, 세계적으로도 매우 귀중한 자산이란다. 한반도 전체의 갯벌 면적은 약 5,220km²로 남한지역은 2,550km², 북한지역은 2,670km² 정도라고 해. 북한지역은 정확히 알 수 없지만, 남한 갯벌에만 민물과 바닷물에 사는 플랑크톤인 규조류硅藻類, diatom [5]를 포함해 식물 164종, 동물 687종으로 총 851종의 생물종이 있어. 과학전문지인 〈사이언스〉에 의하면 갯벌의 경제적 가치가 1km²당 39억 1,900만 원으로 같은 면적의 논보다 무려 100배가 높다고 하는구나. 이 갯벌에서 잡히는 조개류와 어류들 때문에 우리 밥상이 풍성한 거란다.

우리나라의 갯벌과 하구습지는 시베리아에서 호주로 이동하는 수많은 철새들이 중간에 머무는 곳으로도 아주 중요한 역할을 한단다. 철새들은 이곳의 풍부한 먹이를 먹고 힘을 내어 다시 날아가거나 번식을 하고, 월동을 하기도 해. 150여 종에 이르는 물새들이 우리의 갯벌과 하구습지를 찾는다니 정말 대단하지? 전 세계 멸종위기에 있는 조류의 40%가 이곳을 찾거나 살고 있대. 먹이가 풍부하고 깨끗하기 때문에 찾아오는 것이지.

---

5 규조류의 현생종은 6,000~1만 종으로 알려져 있다. 흔히 돌말이라고 부르는 종류로. 황조식물의 1강으로 분류하기도 하고 규조식물문으로 독립시키기도 한다. 민물과 바닷물에 널리 분포하는 플랑크톤이며, 수중생태계의 생산자로서 어패류의 먹이로도 중요하다.

DMZ 일원지역 생태계에 중요한 습지가 많다는 거죠? 대표적으로 어떤 습지들이 있나요?

동부와 중부지역은 산악지대가 많기 때문에 습지가 상대적으로 적고, 낮은 지대가 많은 서부지역에 주로 습지가 많이 분포되어 있단다. 우선 동부지역 습지는 지리적 특성상 계곡에 있는 '계곡습지'와 '호수습지'가 특징이라고 할 수 있지.

대표적인 계곡습지로 천연보호지역인 인제군 건봉산 습지가 있어. 이곳은 계곡의 맑은 물과 산림습원으로 되어 있지. 인제군 내린천 습지는 구불구불 자연스러운 곡류하천으로 상류에는 자갈이 많고 사초류, 물억새, 갯버들 등의 수생식물들이 자라고 있단다. 고성군 간성읍 하천변 습지는 수생식물 군집이 잘 발달되어 있지.

고성군 화진포, 송지호 등은 '석호潟湖, lagoon'라고 해. 석호는 해안가 모래언덕이 발달해서 만들어진, 바닷물과 민물이 만나는 호수로 먹이가 풍부해서 조류가 많이 찾아오는 곳이지.

다음으로 논습지에 대해 이야기를 할 차례구나.

논습지란 말은 처음 들어봐요. 그러니까 논도 습지라는 거예요?

그럼. 경상남도 창원에서 개최된 제10차 람사르 당사국 총회에서 논도 중요한 습지로 인정하기 시작했단다. 논에는 다양한 생물이 살고, 이를 먹이로 삼는 새들이 이곳을 찾기 때문에 중요한 생태계라고 보는 거야.

논에서는 우리의 주식인 쌀을 재배하기도 하지만, 논 자체가 홍수를 예방하기도 하지. 생각해봐. 왜 도시에서 홍수피해가 많이 발생할까? 도시는 도로 등 대부분이 콘크리트로 포장되어 있지. 그러니까 비가 많이 오면 땅속으로 물이 스며들지 못해 계속해서 낮은 곳으로 흐르게 되고 지대가 낮은 곳은 침수가 되는 거야. 그런데 논이나 들판, 산 등 자연이 많으면 물을 흡수하는 지역이 많기 때문에 피해가 훨씬 적어지겠지.

대표적인 논습지는 철원평야란다. 철원평야에 논습지가 많이 발달했기 때문에, 철원지역에는 국제적인 멸종위기종인 두루미류가 월동하고 있지. 겨울철 논이나 밭에 남겨진 낟알이 두루미의 중요한 먹이가 되기 때문이야. 그 외에 양구 펀치볼 습지는 분지형태의 습지를 형성하고 있지.

이제 서부지역으로 가보자. 네가 어렸을 적에 파주 임진각을 가본 적이 있는데, 기억나니? 그때 우리가 봤던 강이 임진강이란다. 임진강과 한강이 범람하면서 곳곳에 많은 습지를 만들어냈지. 특히 습지가 잘 발달한 지역은 장단반도야. 드넓게 형성된 저습지이면서 임진강의 배후습지이기도 하지. 배후습지背後濕地, back marsh란 범람원이나 삼각주에 발달한 자연 제방의 뒤쪽에 생긴 습지를 말해. 홍수로 넘쳐흐른 물이 낮은 땅에 괴어 늪이나 습지를 형성하면서 이루어진 것이지. 장단반도는 독수리 월동지역이어서 겨울이면 찾아오는 독수리에게 먹이를 주는 행사가 열리곤 한단다. 그 이외에 겨울철새인 큰기러기, 두루미를 비롯해 넓은 갈대숲에는 고라니가 살고 있지.

사천강과 인근 습지는 큰 규모인데, 인위적인 훼손이 없어 천혜의 습지

임진강 초평도 습지의 모습. 습지는 생태계의 보고라고 불린다. 다양한 생물들이 서식할 수 있는 최적의 환경을 갖고 있기 때문이다. 우리나라 서해의 연안습지인 갯벌은 세계 5대 갯벌 중 하나로, 생태계가 우수하고 멸종위기에 처한 철새들이 많이 찾아오고 있다. 비무장지대 일원지역에는 고층습지, 계곡습지, 하구습지, 배후습지, 논습지 등 귀중한 습지가 많다.

로 불려. 도롱뇽, 산개구리, 아무르산개구리가 살고 있고 큰기러기, 재두루미, 말똥가리 등이 관찰되고 있어. 어룡저수지와 인근 습지는 큰 호수인데, 희귀종인 말똥가리나 개리가 발견되고 있지. 초평도는 임진강에 있는 섬인데, 습지가 잘 발달되어 있을 뿐만 아니라 경관도 매우 뛰어나. 특히 섬이기 때문에 사람의 발길이 없어 야생동물의 주요 서식지이기도 해.

다시 복구된 경의선 등 남북철도가 연결된 지역에도 곳곳에서 잘 발달된 습지가 발견되었단다. 2008년 DMZ 내부 생태계 조사를 통해 연천군 연백평야가 자연습지로 복원되고 있다고 해. 이곳에서 사미천 습지를 확인하기도 했지. 그래도 아직 우리가 확인하지 못한 습지가 많이 있을 거야. 그래서 더욱 철저하고 꾸준하게 조사를 해야 하겠지.

아빠가 강과 바다가 만나는 하구습지도 중요하다고 했잖아요. 그럼, 한강하구에도 야생동물의 서식지 같은 곳이 있나요?

물론 있지. 한강하구에는 천연기념물 제250호인 '한강하류 재두루미 도래지'가 있어. 경기도 파주시와 김포시 일대의 강변과 그 사이 임진강과 한강이 만나는 삼각주 일대에 위치하고 있지. 원래 이곳이 지정될 당시인 1970년대에는 겨울철에 재두루미가 3,000마리 이상 도래한 것으로 알려졌지. 그런데 신도시 개발로 인해 농경지가 축소되고 도로가 만들어지는 등 여러 요인으로 인해 안타깝게도 지금은 약 100여 마리 만이 이곳을 찾고 있어.

그런데 여기서 우리가 꼭 짚고 넘어가야 할 점이 하나 있어.

천연기념물⁶은 물론 귀중하게 보호해야 할 자산이지. 그러나 설사 천연기념물로 지정되어 있지 않다고 해서 보호할 가치가 없다고 생각해서는 안 된다는 거야. 비록 지금은 법률로 보호받고 있지 못하지만 정말 소중한 것들이 아주 많거든.

네, 알겠어요. 그래도 천연기념물로 정한다는 것은 보호가 절실히 필요하다는 거잖아요. 두루미도 천연기념물이죠? 두루미는 종류가 많던데 두루미, 재두루미, 흑두루미는 어떻게 다른가요?

모두 두루미과 **Family Gruidae**에 속해 있지만 차이가 있어. 전 세계적으로 15종이 있는데, 우리나라에 오는 두루미종은 7종이야. 두루미는 우리 선조들이 그린 동양화에 학鶴으로 많이 등장했지. 과거 조선시대에서는 문관의 옷에는 학을 새겼고 무관은 호랑이를 새겼다고 해. 게다가 갓과 도포를 입고 양반이 추는 전통춤 '학춤'까지 있는 걸로 보면 선조들은 두루미를 선비의 고고함을 상징하는 새라고 인정했던 것 같아.

천연기념물 202호인 두루미 **Red-crowned Crane**는 몸통 대부분이 흰색이고, 정수리는 붉은색을 띠어. 눈 앞쪽과 목은 검은색을 띠고 있지. 몸통이 잿빛을 띤다고 해서 붙여진 이름인 재두루미 **White-naped Crane**는 천연기념물

203호로, 몸은 회색을 띠지만 등의 일부는 흰색이야. 뺨은 붉고, 흰 목에 회색의 띠가 올라와 있지. 또 천연기념물 228호인 흑두루미 **Hooded Crane**는 흰 머리와 목을 제외하면 전체가 검은색이고, 이마는 검고 머리꼭대기는 붉은색이야. 이들의 크기는 조금씩 차이가 있는데 두루미는 한국에서 가장 키가 큰 새란다. 두루미는 140cm, 재두루미 127cm, 흑두루미 100cm지. 암수의 크기 차이는 별로 없는데, 대체로 수컷이 약간 크다고 해.

두루미는 중국 북동부, 러시아 남동부, 일본 홋카이도, 몽고에서 번식하고, 한반도 DMZ 일원지역, 중국, 일본에서 겨울을 나지. 현재 전 세계 두루미 개체 수는 약 2,750여 마리로 멸종위기에 처해있는데, 계속해서 그 수가 줄어들고 있지. 원래 두루미는 우리나라 전국에서 볼 수 있었지만 지금은 강화남단, 파주의 대성동 마을과 판문점 부근, 연천, 철원 4개 지역에서만 월동하는 것으로 확인되고 있고, 매년 약 800여 마리가 찾아온다고 해.

재두루미는 러시아·중국·몽고 접경지역, 아무르-우수리강 유역 등에서 알을 낳아 새끼를 키우고, 매년 겨울은 주로 한반도 DMZ 일원지역, 일본 규슈 남부, 중국 남부에서 지내. 현재 전 세계 개체 수는 약 6,500여 마리로 두루미와 같이 멸종위기에 처해있지. 이 중 3,000여 마리는 중국에서, 3,500여 마리는 우리나라와 일본 규슈 남부에서 겨울을 보내는 것으로 확인되고 있어. 우리나라의 철원, 연천, 한강하구, 파주, 경상남도 주남저수지 등으로 매년 800여 마리가 찾아와. 하지만 앞에서 말한 '한강하류 재두루미 도래지'를 보듯이 1970년대까지는 일본보다 우리나라에서 겨울을 나는 수가 많았지만 한강하구 주변에 신도시 개발 등으로 머무를 곳이 줄어들자 일본으

철원지역에서 겨울을 지내는 두루미들. 새는 생태계 먹이사슬 구조에서 상위에 속한다. 그래서 특정 새의 종수나 개체 수에 따라 생태계의 상태를 진단할 수 있다. 새가 생태계 상황을 파악할 수 있는 표준이 된다는 의미이다. 두루미, 재두루미, 흑두리미는 전 세계 멸종위기종에 분류되어 있어 보호가 시급하다. 비무장지대 일원지역은 이 철새들의 마지막 낙원이다.

로 많은 수가 옮겨갔어. 살 곳을 찾아 떠난 거지.

흑두루미는 재두루미나 두루미보다 북쪽지역인 러시아 시베리아에서 주로 번식하고, 일본, 러시아, 중국, 한국 등지에서 겨울을 나지. 전 세계에 약 11,500여 마리가 서식하는 것으로 확인되고 있어. 이 중 약 80% 이상이 겨울이 되기 전인 10월 말에 우리나라의 구미 해평뜰, 한강하구, 철원, 서산 등을 거쳐 남하해 일본 남부 이즈미지역에서 월동하고, 3월 중순에 다시 번식지로 이동하지. 중국 남부 양쯔강 유역에서 약 1,000마리가 겨울을 나고 있고, 우리나라 순천만에서 최근 약 250마리가 겨울을 나고 있어. 예전에는 대구 달성습지에서 수백 마리가 월동하기도 했지만, 지금은 이 지역들이 모두 개발되었기 때문에 찾아오지 않아.

다른 지역에서 살고 있는 두루미 종도 이렇게 줄어들고 있나요? 이런 상황이라면 머지 않아 모두 멸종할 거 같아요. 두루미들을 보호할 수 있는 장치가 필요하지 않을까요?

그래, 정말 중요한 지적이야. 우선 우리나라에 오지 않는 두루미들을 살펴보자. 검은목두루미는 전 세계 약 20만 마리 이상이 있어. 북유럽에서 러시아 동부까지 광범위한 번식지가 있고, 중국, 유럽, 아프리카, 남아시아 등 전 세계 여러 지역에서 겨울을 나지. 이 새들은 초원을 좋아해서 우리나라는 오지 않는다는구나. 중앙아시아에 쇠재두루미는 25만 마리, 북미에 서식하는 캐나다두루미는 개체 수가 약 50만 마리가 넘는다고 해. 숫자가 많잖아. 그만큼 살 수 있는 공간과 먹이가 풍부하다는 것이지.

　　이것과 비교해보면 동북아시아와 한반도에 살고 있는 두루미는 너무 빠르게 개체 수가 줄어들고 있어. 네 말대로 잘못하면 멸종될 위험이 있지. 그래서 두루미를 천연기념물로만 지정할 것이 아니라 이들이 살 수 있는 지역을 넓게 만들어주는 일이 중요한 거야. 요즘 우리를 위협하고 있는 조류독감 알지. 주로 철새들에게 있는 바이러스인데, 닭이나 가축을 통해 사람에게 전염된다고 해서 방역 조치를 취하기도 하잖아. 그런데 새들이 좁은 공간에 살고 있으면 위험한 거야. 만약 한 마리가 조류독감에 걸리면 집단적으로 모두 죽을 수 있기 때문이야. 새들이 서식할 수 있는 다양하고 넓은 공간이 있다면 자꾸 숫자가 줄어드는 것을 막을 수 있어. 그래서 두루미가 찾아오는 지역을 잘 보전해야 하는 거란다.

　　습지가 새들에게 중요한 역할을 하고 있다는 게 정말 놀랍네요. 그렇다면 이 습지들은 법으로 보전되고 있나요?

　　아니, 그렇지 않단다. 아직까지 이 지역의 습지를 보전하기 위한 법이나 제도가 마련되어 있지 않아. 습지가 중요한 걸 알면서도 잘 안 되는 거지. 아빠도 답답하단다. 환경부가 이 지역의 습지를 보전하기 위한 차원에서 2007~2008년 학자들의 조사를 기초로 중요한 습지항목을 만들고 지역조사를 실시하긴 했어. 중요한 지역습지들을 습지보전법에 의해 습지보호지역으로 지정할 계획을 세워 추진된 일인데, 이후 유야무야되고 있지. 반면 이 지역에 대한 개발 계획들은 계속해서 발표되고 있어.

연천군의 경우 군남홍수조절댐 건설사업으로 임진강변에 있는 두루미 서식지가 물에 잠길 위기에 놓여 있어. 댐이 거의 완공되어 곧 물을 채울 준비를 하는 상태이기 때문에, 이대로 댐이 완공되면 두루미 서식지의 훼손을 피할 수 없게 되지.

또 철원군이 추진하고 있는 개발 때문에 우리나라 최대 두루미 서식지도 크게 위협받고 있지. 이 지역은 남북교류를 위한 대규모 개발 사업이 계획되어 있어. 진행 중인 철원 평화 문화광장 조성사업, 철원 평화시, 평화산업단지 조성사업, 경원선 철도 복원사업 등 대규모 토지가 필요한 사업이 추진되고 있어. 특히 철원 평화시와 평화산업단지를 조성하기 위한 면적은 7만km²에 이르는 엄청난 규모야. 이런 사업이 진행되면 두루미의 생존은 크게 위협을 받을 수밖에 없지. 이렇게 가다보면 정작 생태계에서 중요한 생물이나 지역들이 보호받지 못하거나 보전되지 못할 상황이 발생할 수 있단다.

천연기념물로 지정해놓고 살 곳을 보호하지 않는다는 게 말이 안 돼요. 정말 아무런 방법도 없는 거예요?

사실, 방법은 아주 간단해. 정책을 결정하는 정부가 보호하겠다는 생각을 적극적으로 가지고 이를 법이나 제도로 만들면 되니까. 그런데 한편으로 이 간단한 방법이 참으로 어렵기도 하지. 왜냐하면 정부가 이런 일을 추진하려면 정부의 의지는 물론 많은 사람들이 생각이 변화되어야 하기 때문이야.

연천 임진강변에서 휴식을 취하고 있는 두루미들. 많은 사람들은 환경이 중요하고 보호해야 한다고
말한다. 그러나 자신에게 경제적 이익이 생기는 개발을 더욱 선호한다. 결국 이 개발에 대한 욕구를
줄여야만 환경은 보전된다. 멸종위기에 처한 철새들을 보호하기 위해서는 넓은 공간을 보전해야 하기
때문에 이를 고려하는 개발 계획이 필요하다.

아빠가 생태운동을 하면서 가장 많은 어려움을 느끼고 있는 것이 바로 이런 점이야.

많은 사람들이 환경은 중요하다고 생각해. 그런데 정작 이를 보호하는 데에는 소홀히 하지. 자신과는 별로 상관없는 문제로 받아들이고 있는 거야. 또 환경을 너무 멀리에서만 찾아. 환경을 도시 밖으로 나가 자연이 있는 곳에서 주로 찾는 거지. 자신이 살고 있는 생활공간 안에도 지키고 보호해야 할 환경이 너무나 많은데, 자신이 살고 있는 공간에서는 편리함이나 재산에만 관심이 많으니 문제라는 거야.

예를 들어볼까? 자기가 살고 있는 지역이 생태계가 우수한 지역인데, 이곳을 개발한다고 하면 사람들이 찬성할까, 반대할까? 너는 어느 쪽일 것 같니? 다 그렇지는 않겠지만 대다수는 개발을 원할 거야. 그렇다면 이 사람들은 환경을 중요하게 여기지 않아서 그럴까? 그렇지 않다는 거야. 환경과 우리 생활의 문제를 따로 떼어놓고 생각하기 때문에 이런 문제가 생기는 거지.

두루미가 살 곳을 보호하자고 하면 누구도 반대하지 않을 거야. 그런데 두루미는 우리가 살고 있는 공간과 떨어진 DMZ 일원지역에서 살잖아. 그러니까 관심 밖이 되고 말아. 만약 두루미가 살 수 있는 공간과 우리가 살고 있는 공간을 일치해서 바라본다면 생각은 달라지겠지. 두루미가 살 수 없는 땅이라면 인간도 살기가 어렵다는 것을 알아야만 해. 그래서 관심과 참여가 중요한 것이지.

습지 이외에 DMZ 일원지역의 생태계 특징으로 꼽을 수 있는 게 또 뭐가 있나요?

이 지역에는 보호해야 할 천연기념물들이 많단다.

대표적인 몇 가지만 알려주마. 강원도 철원군 철원읍 천통리 철새도래지는 천연기념물 제245호로 지정되어 있어. 철새는 계절에 따라서 지역을 옮겨다니는 새를 말한단다. 주로 번식지와 월동지가 다르기 때문에 지역을 이동하는 거야. 그래서 정당을 이리저리 옮겨 다니는 정치인을 철새정치인이라고 비아냥거리기도 하지. 그러나 이 말은 철새 입장에서는 아주 모욕적인 말이야. 철새정치인은 일관성이 없는 정치인을 말하는 거지만, 철새는 일관되게 자기가 옮겨야 할 지역만을 선택하니까 말야.

천통리는 일명 샘통이라고 하지. 과거 구릉지대에서 분출된 현무암의 용암지대熔岩地帶여서 겨울에도 물이 15℃ 가량의 온도를 유지하는 조그마한 온천溫泉이 나오고 있거든.

양구군과 인제군에 걸쳐 있으며 양구군 해안면 분지와 그 주변을 에워싸고 있는 대암산, 대우산, 도솔산은 천연보호구역 제246호야. 특히 대암산 정상부근에는 우리나라 1호 람사르습지로 등록된 고층습원[7] 高層濕原인 '용늪'이 있어. 이곳에서 자라는 식물로는 물이끼, 끈끈이주걱, 개통발, 조름나

---

7 고산지대의 습기가 많은 지역의 초원. 영양 염류가 적은 저온 습지에 발달하며 물이끼가 주를 이루고 성긴 초본이 자란다. 물이끼는 중앙부에서 잘 자라서 이탄화(泥炭化)하기 때문에 중앙부가 높아 '고층'이라고 하며 북반구에 널리 분포한다.

물, 비로용담, 가는오이풀, 삿갓사초, 줄풀, 왕미꾸리광이, 골풀, 숫잔대, 달뿌리와 기생꽃, 바늘사초, 제비동자꽃, 금강초롱 등이 있어. 이 식물 이름을 다 외울 수는 없지만, 이런 다양한 종류의 식물이 있다는 것을 기억할 필요가 있어. 습원 둘레에는 철쭉나무, 사스래나무, 개박달나무 등 낙엽활엽수와 분비나무, 잣나무와 노간주나무 등의 상록침엽수도 있어.

대암산과 대우산 근처의 가칠봉 정상 부근에는 왜솜다리가 대군락으로 서식하고 있지. 이 지역은 식물종이 매우 풍부하기 때문에 식물학적 가치도 높은 지역이야. 산양, 도롱뇽, 무당개구리, 줄흰나비도 살고 있어. 그리고 천혜의 맑은 물인 두타연에는 열목어, 어름치 등 10여 종의 한국특산어류가 살고 있지.

향로봉·건봉산 천연보호구역은 강원도 고성군과 인제군에 걸쳐 위치하고 있어. 천연기념물 제247호로 면적은 약 83,306,160m²야. 칠절봉에서 향로봉·건봉산을 지나 DMZ까지의 지역은 북쪽 계통의 식물과 남쪽 계통의 식물이 만나는 지점으로, 우리나라 중부 온대림의 특성을 지니고 있지. 또한 이 지역에는 사람의 출입이 없기 때문에 온대 낙엽활엽수림의 전형적인 산림의 모습을 유지하고 있어.

건봉산의 고진동 계곡의 산림은 천연상태를 그대로 유지하고 있어 귀중한 자원이고 학술적으로도 매우 가치 있는 지역이지. 지역에 따라 신갈나무 군락지, 함박꽃나무 등이 서식하고 있어. 산구절초, 산거울, 양지꽃, 쥐오줌풀, 산쥐손이, 병꽃나무, 산여뀌, 구릿대 , 참당귀 등이 자라고 있고 금강초롱의 커다란 군락지도 있지. 어류는 칠성장어, 산천어, 금강모치, 버들가지,

가는돌고기, 새미 등 특별한 보호가 요청되는 종들이 있지. 조류는 참새, 박새, 곤줄박이, 쇠박새 등이 발견되었어. 수달, 사향노루, 산양, 곰, 하늘다람쥐, 삵 등이 살고 있다고 해.

천연기념물 제216호로 지정되어 있는 사향노루는 특이한 향을 낸다고 하여 붙여진 이름이지. 만주, 시베리아, 아무르, 우수리 지역과 호남에서 백두산까지 전국의 산에 살고 있었지만 최근에는 개체 수가 급격히 감소되어 보호가 필요하단다. 고라니와 비슷한 것 같지만, 수컷은 약 50mm나 되는 송곳니가 입 밖으로 약간 삐져나와 있어. 바위가 많고 1,000m 이상 되는 고지에서 살고 있대. 이끼, 어린 싹과 잎, 각종 열매를 먹으며 험한 바위 사이나 눈 위에서도 잘 뛰고, 시각과 청각이 잘 발달되었으며 겁이 많은 동물이야. 배쪽에 사향주머니가 있는 수컷은, 교미시기에 암컷을 유인하기 위해 이곳에서 냄새를 풍긴다지. 그런데 사향이 동물성 향료 및 약재로 가장 비싸게 쓰이기 때문에 마구 잡아 들여서 개체 수가 급격히 감소하고 있는 거야.

천연기념물 제217호로 지정된 산양은 중국 동북지방, 아무르, 우수리, 흑룡강 유역과 우리나라 설악산, 오대산, 대관령, 태백산 일대에 주로 살았었어. 뿔의 길이는 약 132mm이고 목은 짧고 다리는 굵고, 발끝은 뾰족하고 작아. 주로 가파른 바위가 있거나 다른 동물이 접근하기 어려운 험한 산악산림지대에 살지. 아마도 위험한 동물을 피하기 위한 생존전략이겠지. 2~5마리가 군집을 형성하여 바위 사이나 동굴에서 생활하고, 주로 새벽과 저녁에 활동한다는구나. 풀, 산열매, 도토리, 바위이끼, 진달래와 철쭉의 잎, 잎쑥 등을 먹이로 하고 있지. DMZ, 건봉산과 향로봉 그리고 고진동 계곡 일원에 작은 집

태평양 깊은 바닷속 용암이 분출하여 수백 도가 넘는 뜨거운 용광로 주변에서도 생명이 살고 있다. 추운 남극의 빙하 밑에서도, 산성도가 높고 염도가 높은 곳에서도, 도저히 살 수 없을 것 같은 조건 속에서도 생명은 존재한다. 수십억 년간 열악한 조건을 극복하고 자연환경에 적응해 온 지구상의 생명은 하나하나가 신기하고 위대하다.

단이 생존하고 있다고 해. 한약재나 식용으로 마구 잡아 지금은 매우 진귀한 상태야.

혹시, 물속에 사는 거미가 있다는 얘기를 들어본 적 있니? 연천군 전곡읍 은대리에는 물거미 서식지가 있는데, 천연기념물 제412호로 지정되어 있어. 참 신기하지. 생물의 사는 방식을 알고 보면 재미있기도 하고 신기하기도 해. 물거미는 유럽, 시베리아, 중앙아시아, 중국, 일본, 한국 등에서 살고 있는데 1과 1속 1종인 희귀종의 거미야. 물거미는 몸에 나 있는 많은 털로 물속에서 방수 역할을 하고, 복부와 가슴팍까지 수은주 같은 은백색의 빛을 내는 공기방울을 만들어 호흡하는 데 사용한다는구나. 물거미는 산란, 성장, 짝짓기 등의 전 생애를 물속에서 보내고, 수명은 1년이래.

신기해요. 아빠랑 함께 보러갔으면 좋겠어요.

그러자꾸나. DMZ에는 신기한 게 아주 많지. 양구에는 한반도에만 있는 희귀식물이 있단다. 양구의 개느삼 자생지는 대암산 기슭인 한전리에 위치하는데, 천연기념물 제372호로 지정되어 있어. 개느삼은 1속 1종의 희귀식물로 평안남도, 함경남도, 강원도 양구 이북의 추운 지방에 분포하고 있는 고유종이야. 양지에서 잘 자라고 추위에 강하며 척박한 토양에서 잘 자란다는구나. 개느삼은 콩과에 속하는데, 이른 봄에 피는 꽃은 황금색으로 무척 아름답대. 이 식물은 북쪽에서 자라고 있기 때문에 양구는 개느삼의 남쪽한계선이기도 하지.

한탄강에는 현무암으로 이루어진 절벽이 있단다. 철원군과 포천시로 이어지는 한탄강 대교천 현무암 협곡인데, 천연기념물 제436호로 총 면적은 199,960m²야. 협곡은 미국의 그랜드캐니언의 지형처럼 양쪽 계곡의 벽이 급경사를 이루어 계곡 폭이 좁고 깊은 골짜기를 말하는데, 한탄강에는 경관이 뛰어나고 특이한 현무암 협곡이 형성되어 있어. 현무암 협곡이 만들어진 시기는 약 27만 년 전으로 추정되고 있지. 협곡에는 현무암의 주상절리柱狀節理가 아름답게 분포하고 있어. 주상절리는 분출한 용암이 냉각될 때 용암이 수축되면서 형성된 육각기둥이야. 과거 제4기 지질을 이해하는 데에 필요한 학술적인 의미를 담고 있다고 해.

아빠 사무실에 가면 부리가 긴 저어새 사진이 있던데, 사진을 볼 때마다 고개를 옆으로 젓는다고 해서 저어새인지 궁금했어요. DMZ 일원지역이 저어새가 살기에도 좋은 환경인 거죠?

하하, 바로 맞혔네. 숟가락처럼 생긴 부리를 좌우로 저어가며 먹이를 찾는다고 해서 저어새**Black Faced Spoonbill**라고 한단다. 또 부리가 옛날 논이나 밭을 갈았던 쟁기와 같다고 하여 '가리새'라고도 해. 북한에서는 노랑부리저어새와 달리 얼굴 앞쪽이 검다고 '검은뺨저어새'라고 불러. 재미있지?

저어새는 세계적인 희귀종으로 5종 전체가 천연기념물 제205호로 지정되어 있어. 우리나라에는 저어새와 노랑부리저어새 2종이 있지. 4월경부터 중국과 한반도 등지에서 번식해서 10월경에 일본 류큐, 대만, 중국 하이난섬 등으로 이동하여 겨울을 나지. 2010년 초에 세계 월동지를 동시에 조사했더니, 약 2,300여 마리가 생존하고 있다고 해. 인천 강화도는 강화갯벌과 저어새 번식지로 유명한데, 이곳은 천연기념물 제419호로 지정되어 있지. 강화갯벌은 강화의 남부지역과 석모도, 볼음도 등 주변의 섬 사이에 있고 보존 상태도 양호해. 이곳에 세계적인 희귀종인 저어새가 번식하고 있어.

1999년 1월에 저어새 4마리를 홍콩과 대만에서 포획하여 인공위성 추적 장치를 부착해 이동경로를 확인한 결과, 같은 해 4월에 4마리 모두 서해의 민통선지역으로 이동했다는 사실을 알아냈어. 그러다가 강화군 서도면 석도와 비도에서 집단 번식하는 것이 확인되면서 한반도 서해안이 저어새의 번식지임이 알려졌지.

서해의 무인도에서 저어새가 번식하는 이유는 그곳이 군사분계선과 인접한 민통선지역으로 사람이 출입할 수 없고 천적이 없기 때문이란다. 또 썰물 때 드러나는 넓은 갯벌에 풍부한 먹잇감이 있기 때문에 이곳에 번식지가 있는 것으로 파악하고 있어. 이 지역은 문화재 보호구역으로 여의도 52.7배의 규모야.

저어새 얘기를 하다 보니 앞서 얘기한 따오기가 생각나는데, 따오기는 정말 멸종된 걸까요?

따오기는 철새로 천연기념물 제198호로 지정되어 있지. 하지만 따오기를 관찰한 사람들의 증언에 의하면 현재 한반도에는 멸종한 것으로 알려

얼마 전까지만 해도 많은 갯벌을 매립하고 파괴했으나, 갯벌 보전을 위한 환경단체들의 노력 때문에 인식이 크게 변해 지금은 한 해 동안 600만 명 정도가 갯벌을 찾는다. 우리나라 서해갯벌은 세계 5대 갯벌로 손꼽히며 풍부한 수산자원이 나오고, 겨울에 이동하는 철새들의 귀중한 보금자리이다. 갯벌은 생명의 귀중한 서식처이다.

져 있어. 중국, 일본, 한국 등지에 분포했었는데, 현재는 중국의 일부 지역에만 있지. 1985년까지 중국 산시성 오지의 산림에서 번식하는 20여 마리를 발견했는데, 지구상에 마지막으로 생존했던 집단이었을 거라 판단하고 있단다. 하지만 중국정부의 야생 따오기 보호와 인공번식 시도 등으로 현재 중국의 따오기는 야생 600여 마리 등 1,200여 마리로 늘어난 상태야.

국제 두루미 재단 아치볼트 박사에 의하면 1966년 판문점 부근에서 4마리까지 관찰했다고 하고, 1974년 1마리가 관찰되었다고 하는데, 1980년 이후에는 사라졌어. 자료에 의하면 19세기 말 우리나라를 방문한 폴란드인 타크자노우스가는 서울 북부지역에서 50마리의 따오기 무리를 관찰했다는 얘기가 있고, 영국인 캠프벨은 '한국에서는 따오기가 겨울과 봄에 흔한 새이며 쉽게 총의 밥이 되는 새'라고 표현했다고 해. 이 자료를 보면 따오기가 사라진 이유를 짐작할 수 있지.

맞아, 사람들이 마구 잡아버린 거야. 그래서 더 이상 따오기를 볼 수 없게 된 거지.

DMZ 일원지역
생태계 보전을 위하여

DMZ 일원지역의 생태계에 대한 얘기를 듣고 있으니까 정말 우리가 소중한 것을 많이 갖고 있다는 뿌듯함도 생기고, 아빠가 이 지역을 보전해야 한다고 말씀하시는 이유도 알겠어요. 그런데 안타깝기도 해요. 몇몇 중요한 동식물이나 특별히 생태계가 우수한 지역만 보전하고 있는 것 같아서요. 이 지역을 전체적으로 잘 보전할 수 있는 방법은 없나요?

그래. 네가 아빠가 얘기하고자 하는 결론을 미리 말하고 있구나. 네 말대로 가치가 높은 식물이나 동물, 그밖이 자원은 보호하는 것도 중요하지. 그러나 이런 생물들이 안전하게 살아가기 위해서는 넓고 다양한 지역을 보전해야만 해. 사람이 살기 위해서 집이라는 공간이 있어야 하는 것처럼 생명들이 살 수 있는 공간이 필요한 거야.

특정 생물이 멸종위기에 처한 것은 그 종을 함부로 잡거나 훼손했기 때문이기도 하지만, 가장 큰 원인은 그들이 살 수 있는 서식처를 파괴했기 때문이야. 만약 두루미나 저어새가 찾아올 수 있는 지역을 없애버린다면 이 새들은 살 수가 없게 되니까. 생태계는 이들에게 집이고 안식처인데, 이런 곳을 없애버리면 살 수 없는 건 당연해. 당분간은 이곳저곳을 떠돌 수 있을지도 모르지만, 자손을 낳을 안정적인 공간이 없고 추운 겨울에 먹이가 없다면 결국 모두 죽고 말 거야. 그래서 자연의 생명들이 자손을 번성시키면서 먹고 살 수 있도록 안정적인 공간을 마련해주어야 해. 충분한 서식처가 될 수 있는 넓고 다양한 지역을 보전해야 하는 것이지.

과거에는 사람들이 사는 데 급급해 이런 점들을 꼼꼼하게 따지지 못했을 수 있다고 생각해. 당장 필요했기 때문에 산을 깎고, 바다를 메우고, 강을 막는 개발을 해댄 거지. 그러나 앞으로는 무슨 일을 하든, 환경을 훼손하는 문제가 걸려 있다면 시간이 걸리더라도 꼼꼼하고 신중하게 생각해봐야 해.

우리가 DMZ 일원지역의 생태계에 대해 이렇게 긴 시간 이야기하고 있는 이유도 바로 그런 의미야. 과거처럼 결정을 쉽게 해서 보전해야 할 지역을 훼손하거나 파괴해서는 안 되기 때문이지. 충분히 생각하고 고민해서 무엇이 진정 이 땅에서 살고 있는 우리에게 필요한 것인지 알아야 해. 특히 너처럼 자라나는 미래 세대에게 무엇을 남겨줄 것인지를 생각해보자는 차원에서 이렇게 긴 얘기를 하고 있는 거야.

다행히 아직 DMZ 일원지역의 생태계는 건강해. 그렇지만 사람들의 마음속에는 개발하려는 욕심이 여전히 남아 있지. 아마 조금만 군사적 긴장이 완화되는 조치들이 보이면 개발 계획이 난무할 거야. 사실, 그런 조짐들이 벌써 일어나고 있기도 하고. 무조건 개발하지 말자는 얘기는 아니야. 보전과 개발을 잘 조화시켜보자는 거야.

그러면 무엇을 먼저 해야 할까요? 이 지역에 대한 생태계 조사는 제대로 진행되었나요? 생태계를 보전하려면 조사부터 제대로 해야 하잖아요.

아빠가 자주 강조하지만, DMZ 일원지역은 군사시설 보호지역이라 출입이 자유롭지가 않아. 그리고 조사를 하는 데 걸림돌이 많이 있어. 그중 하나가 이 지역에 엄청나게 많은 지뢰가 묻혀 있다는 거야. 그래서 함부로 조사를 할 수가 없지. DMZ 내에만도 대략 1백만 개, DMZ 내부를 제외한 DMZ 일원지역에도 1백만 개 정도의 지뢰가 묻혀 있다고 해. 최근 국회에 국방부가 보고한 내용을 보면, DMZ 내 지뢰는 500여 군데 약 40만 개가 있고 DMZ를 제외한 DMZ 일원지역에는 200여 군데 약 90만 개가 묻혀 있다고 보고했어. 그리고 아직 확인할 수 없는 미확인 지역도 많다는구나. 게다가 북한지역에 묻혀 있는 지뢰 숫자가 남한과 비슷하다고 가정하면 어마어마한 지뢰가 이 지역에 있는 것이지.

지뢰 얘기가 나왔으니 지뢰폐지운동에 대한 얘기를 하고 넘어가자. 영국 다이애나 전 왕세자비에 대해 혹시 알고 있니? 찰스 왕세자와 결혼하여 두 아들을 두었는데, 이혼을 한 후 1997년 프랑스에서 불의의 교통사고로 사망했지. 그런데 다이애나는 지뢰 문제에 관심이 많아 지뢰폐지운동에 앞장섰어. 다이애나는 이렇게 말하곤 했어.

"이 세상은 대인지뢰로 인해 가난한 사람들이 생명을 잃고, 팔다리가 잘려져 나가고, 땅이 황폐화되고 있다는 사실을 너무나 알지 못하고 있어요. 나도 앙골라를 방문하기 전까지는 그러한 사실을 잘 몰랐었습니다."

이런 노력으로 지뢰폐지를 위한 민간기구인 국제지뢰금지운동ICBL, The International Campaign to Ban Landmines 이 1992년에 결성되었어. 이 기구는 노벨 평화상을 받기도 했단다. 1997년 122개국이 지뢰금지국제조약을 체결하였는데, 다이애나와 이 기구가 중요한 역할을 했어.

그러나 유감스럽게도 남한과 북한이 아직도 조약에 가입하지 않고 있지. 2007년 국제지뢰금지운동의 보고에 의하면 남한 내 지뢰매설 지역이 1,300여 곳이고, 면적은 32km²로 여의도의 4배 정도라고 해. 게다가 지뢰매설 정보가 없는 미확인 지뢰지대가 남방한계선 이남 민통선지역에만 200여 곳 120km²의 규모라고 해. 여의도의 15배나 되는 넓은 지역에 지뢰가 매설돼 있다는 거야. 엄청나지 않니?

이것도 우리가 분단을 해결하면서 함께 풀어야 할 숙제야. 이 지역에 대한 생태계 조사가 어려운 이유도 엄청난 지뢰 때문에 산속이나 깊은 곳으로 들어갈 수 없기 때문이야. 현장조사가 어렵고 정확한 통계를 내는 것도 불가능하지.

정말 이 지역을 꼼꼼히 조사한다는 것은 쉽지 않네요. 그렇다면 지금까지 조사가 정확하지 않다는 말인가요?

그렇다고 조사가 전혀 이루어지지 않은 건 아니야. 정전협정 체결 다음해인 1954년에 한국정부가 민통선지역을 대상으로 조사를 진행했었다고 해. 그렇지만 기록상으로 DMZ 일원지역의 최초의 생태계 조사는 1965년 미국

경 고 문

이곳은 미확인 지뢰지대 및 민간인 통제지역으로
민간의 출입을 통제 하며 밀렵, 수렵, 산채 체취
행위를 금지 합니다. 위반시 에는 500만원 이하의
벌금에 처합니다.

1862 부대장

60년이 지났지만 전쟁의 흔적은 아직도 많이 남아 있다.
남북한의 비무장지대 일원지역은 지뢰밭이라 불릴 정도
로 넓은 지역에 수백만 개의 지뢰가 매설되어 있다. 이
지역에 서식하고 있는 생명들은 이 무시무시한 죽음의
무기와 더불어 공존하고 있는 셈이다. 남북한이 평화로
가는 과정에서 이 지뢰를 어떻게 처리할 것인가도 중요
한 문제이다.

스미소니언연구소[1]가 한국자연보전협회와 공동으로 진행한 생태계 조사라 할 수 있지.

그러나 전반적으로 보면 이 시기에 조사가 제대로 진행될 수 없었어. 한국전쟁이 끝난 지 얼마 되지 않아 남과 북이 군사적으로 대립하고 있던 시절이었고, 서로 으르렁거리며 이데올로기가 첨예하게 맞서고 있었는데 누가 한가롭게 보이는 생태계 조사에 관심을 가질 수 있겠어. 더구나 그 시대에는 환경이나 생태계라는 말도 생소했고, 조사의 필요성이나 인식수준도 충분하지 못했지.

하지만 2000년 남북한 정상회담 이후, 화해와 협력 흐름이 급물살을 타면서 남한에서는 DMZ 일원지역의 생태계에 대한 관심이 높아지기 시작했지. 2000년 이후부터 남한정부가 이 지역에 대한 조사를 본격적으로 하기 시작했어. 환경부와 산림청은 DMZ 일원에 대한 생태계 조사를 실시하고 있고, 학술행사도 활발하여 한림대학교는 1999년부터 2002년까지 그간 조사와 연구내용을 발표하기도 했단다. 민간단체의 활동도 점차 활발해졌지. 특히 지역에 여러 환경단체들이 생겨났어. 그리고 꾸준히 조사를 하고 있지.

---

1 Smithsonian Institution. 영국의 화학자이자 광물학자인 제임스 스미손(James Smithson)의 유산을 기금으로 하여 1846년에 설립한 최대 문화시설이다. 대표적으로는 워싱턴에 자연사박물관 · 역사기술박물관 · 항공우주박물관 · 프리어예술미술관 · 허숀박물관과 조각공원 · 국립미술관 · 국립예술박물관 · 초상화미술관 등이 있으며, 천체물리학연구소, 방사선생물학연구소, 과학정보교환소, 스미스소니언 열대연구소, 우드로윌슨 국제과학자센터 등의 연구소가 있다.

또 이 지역 생태계에 대해서 국제적인 관심이 높아졌지. 2000년 국제연합개발계획**UNDP** [2]은 경기북부지역과 DMZ 일원에 대한 조사를 지원하기도 했고, 국제자연보호연맹**IUCN** [3]과 국제연합환경계획**UNEP** [4]은 구체적으로 보전방안을 제시한 바 있어. DMZ를 평화공원으로 하자는 내용을 남한과 북한의 정부에게 공동으로 제안하기도 하였지. 그리고 국제연합교육과학문화기구**UNESCO** [5]는 DMZ에 지속적인 관심을 갖고 지원하였을 뿐만 아니라, 접경생물권보전지역으로 지정하자는 제안을 하기도 했어.

---

2 United Nations Development Programme. 국제연합개발계획(유엔개발계획)은 유엔의 개발도상국에 대한 원조계획을 조정 · 통일하는 기구이다. 개발도상국의 경제적 · 사회적 개발 촉진을 위한 기술원조를 제공하기 위해 설립되었다. 1949년 설립된 국제연합기술원조확대계획과 1958년 설립된 국제연합특별기금과 국제연합의 자체 정규예산에 의해 행하는 개별적 원조의 세 가지가 통합되어 1965년 발족되었다.

3 International Union for Conservation of Nature and Natural Resources. 국제자연보호연맹은 전세계 자원 및 자연보호를 위하여 유엔의 지원을 받아 1948년에 국제기구로 설립하였다. 1911년 미국 · 캐나다 · 러시아 · 일본을 중심으로 보호회의(ICBP)를 창설하였고, 1928년에 국제자연보존연맹을 결성하여 그 산하에 국제자연보호사무국을 설치하였다. 제2차 세계대전으로 자연환경의 파괴가 심각한 문제로 대두하자 세계 각국은 파리회담을 열고 유엔의 지원으로 1948년 국제기구로 정식 발족하였다.

4 United Nations Environment Programme. 국제연합환경계획은 1972년 국제연합인간환경회의(UNCHE)의 '인간환경선언' 결의에 따라 설립된 환경분야에 있어 국제협력을 촉진하기 위해 유엔총회 산하에 설치된 환경관련 종합조정기관이다.

5 United Nations Educational, Scientific and Cultural Organization. 국제연합교육과학문화기구(유네스코)는 교육 · 과학 · 문화의 보급 및 교류를 통하여 국가 간의 협력증진을 목적으로 1946년 설립된 국제연합전문기구이다.

백인들의 흑인차별에 맞서다 30년간 투옥되기도 했던 세계적인 민주화 운동가인 넬슨 만델라 남아프리카공화국 대통령은 남한의 김대중 대통령을 만난 자리에서 평화공원을 제안했지. 앞서 설명했던 민간단체인 국제두루미재단도 두루미와 저어새 보전을 위해 남북 DMZ 공동조사를 제안하기도 했어. 이 지역에 관심 있는 민간단체도 있어. 미국에는 미국인과 한국인이 함께 만든 DMZ포럼이라는 단체가 있고, 일본에서도 전문가들이 만든 민간단체들이 있단다.

우리나라보다 국제기구나 국제환경단체들의 관심이 더 높은 거 같아요. 왜 국제적으로 이 지역에 대해 특별한 관심을 갖는 거죠?

음, 이런 추측이 가능할 수 있겠지. 남한과 북한은 전쟁을 했고 지금도 총을 들고 서로 맞서고 있기 때문에 주요 관심사가 환경이니 생태계이니 하는 문제가 아니지. 게다가 남북한 모두 경제성장이 주된 관심사였어. 다시 말하면, 서로 군사적 대립으로 격해 있기 때문에 남북한 정부에게 DMZ는 서로의 군사적 힘을 키우는 공간의 의미가 더 컸을 거야. 그 속에서 싹트고 움튼 생태계가 관심의 대상이 되기는 힘들었겠지.

그러나 국제적으로는 다르게 볼 수 있어. 군사적 대립에서도 한 발짝 물러나 있기 때문에 다른 문제를 볼 수 있었겠지. 또한 전쟁보다는 평화적인 방법을 모색할 수 있는 여유가 있을 수 있잖아. 마치 장기를 직접 두는 두 사람보다는 옆에서 관전하는 사람이 상황을 더 잘 보는 것처럼 말이야. 또 중요한 점은 국제적으로 환경문제를 다루는 다양한 기관들이 만들어졌고, 이들이 DMZ라는 희귀한 생태계 지역에 높은 관심을 가졌다는 거야. 이런 점들 때문에 DMZ 생태계에 대한 관심과 참여가 국제적으로 더 높을 수 있었다고 볼 수 있어.

그렇다면 국제적인 관심 때문에라도 남북한에서 DMZ 일원지역의 보전을 위한 다양한 방법이나 정책이 만들었을 것 같아요.

글쎄. 북한은 그렇지 못했을 거라고 생각해. 많은 정보가 없기 때문에 북한정부가 그렇게 하고 있는지는 사실 잘 알 수 없어. 하지만 아마도 활발하지 않았을 거야. 왜냐하면 북한의 식량난이나 경제적 수준으로 볼 때, 또 이 지역에 대한 관리가 주로 군에 의해 이루어지기 때문에 충분한 정책이나 방법을 수립하고 있다고 할 수는 없을 것 같아. 물론 향후에는 변화할 것이라는 기대를 해보자.

남한에서는 몇 가지 정책을 추진하고 있지. 평화공원과 접경생물권보전지역 지정을 환경부와 대통령산하 기관인 지속가능위원회가 추진했어.

평화공원은 말 그대로야. 앞서 이 지역은 여전히 초긴장 냉전지대이고 군사력이 집중되어 있기 때문에 불안한 지역이라고 했잖아. 그래서 이 지역을 평화공원, 즉 평화지대로 만들자는 내용이지. 국제자연보호연맹과 국제연합환경계획 등은 DMZ 내에 남북한 각각 2만5천ha씩 총 5만ha를 평화공원으로 조성하자는 계획을 제출한 바 있는데, 이런 내용들을 참고로 평화공원을 검토한 것이지.

또한 유네스코는 접경생물권보전지역으로 지정하자는 주장을 했고, 환경부도 이를 검토하고 있어. 접경생물권보전지역은 국가와 국가의 경계지역 중 생태계가 우수한 지역을 보전지역으로 만들어 해당 국가들이 공동으로 관리하고 있는 국제적인 협약이야.

이런 협약이 처음 마련된 것은 미국과 멕시코였다고 해. 미국과 멕시코는 인접한 국가이지만 영토를 놓고 전쟁을 했었지. 뭐, 사실 과거 멕시코는 영토의 40%를 미국에 일방적으로 빼앗겼는데, 이후에도 끊임없이 영토분쟁이 있었어. 그래서 이를 해결하기 위해 미국과 멕시코의 국경지역에 국제평화공원을 지정하자는 논의가 시작된 거지. 1935년 시작된 논의가 1997년에서야 양국의 합의로 끝이 났어. 국경지역에 있는 미국의 국립공원과 멕시코의 2개의 보호지역을 공동관리 보호지역으로 지정하였지.

유럽에도 이러한 사례가 있어. 폴란드와 슬로바키아 사이의 타트라 국립공원 Tatra National Park, 루마니아와 우크라이나 사이의 다뉴브 삼각주 The Danube Delta, 체코 공화국과 폴란드 사이의 카르코노제 국립공원 Karkonose National Park, 프랑스와 독일 사이의 북 보제 자연공원 Vosges Du Nord Park, 폴란드와 슬로바키아, 우크라이나 사이의 동 카파시안 자연공원 East Carpathians Natural Park 그리고 베닌, 부키나파소, 니제르 사이의 W지역 W Region 이야. 이곳들은 이미 유네스코가 접경생물권보전지역으로 지정했단다. 이 중 타트라 지역은 아빠가 조사를 위해 다녀왔던 곳이야.

폴란드와 슬로바키아가 마주한 타트라 접경생물권보전지역에는 국경을 가르는 긴 철조망이 없다. 초
소는 있지만 눈에 쉽게 띄지 않고, 총을 든 무장군인도 잘 보이지 않는다. 이곳 동물들은 폴란드나 슬
로바키아나 상관없이 자유롭게 다닐 수 있다. 자연에는 국경이 없다.

그 나라들의 접경지역이나 국경지역도 우리처럼 군사적으로 대치하고 있고 경비가 삼엄한가요? 아빠가 다녀오셨으니 느낀 점을 이야기해 주세요. 여러 국가들이 공동으로 관리하는 방법이 좋았나요?

　아니. 좀 싱거운 대답이지만 그렇지가 않아. 전혀 국경 같은 생각이 들지 않았어. 국경을 지키는 초소가 있기는 한데 사실 잘 보이지도 않아. 우리처럼 긴 철조망이 있는 것도 아니야. 과거 동서 냉전시대가 무너진 이후의 변화인 것 같아. 그러니까 국경이기는 하지만 출입이 자유롭고 왕래도 잦으니까 군사적인 대치는 거의 사라졌지. 타트라 접경생물권보전지역을 관리하기 위해 폴란드와 슬로바키아 모두 사무소를 설치했지. 생물권보전지역은 국제적인 조약으로 체결되어 있지만 법적인 효력은 없어. 그래서 이 지역을 국립공원으로 지정해서 보호하고 관리하는 거야.

　국제조약이 효력을 갖기 위해서는 국내에서 정한 법의 보호를 받아야 해. 그냥 국제조약만으로는 의미가 없다는 거야. 물론 이 지역은 우리하고는 사정이 좀 다르지. 이 지역은 과거 대립했던 동서 냉전체제가 붕괴하면서 전쟁 위험이 사실상 사라졌고, 그러면서 이 접경지역의 생태계를 공동관리할 필요가 생겨났으니까 말야. 국경선은 사람들이 자기 땅이라고 정해 놓은 것이지, 동물이나 식물에게 적용되는 것은 아냐. 동물이나 식물이 '여기는 국경선이니까 넘어가지 말자'고 할 수는 없잖아. 그러니까 자연은 국경선이 없는 거야. 이 말도 우리가 되새겨볼 필요가 있어. 남과 북이 대치하고 있다고 해서 남한의 노루가 북으로 가지 말아야 하고, 북에서 새가 남으로 날아오지 말아야 하는 것은 아니거든.

　　모든 생명은 스스로 존재하는 이유와 조건이 충족될 때 그 자리에 있는 것이지. 그러다 보니 국가와 국가가 마주하고 있는 국경 주변에 귀중한 생태계를 보전할 수 있는 방법이 필요하게 되고, 공동으로 관리하기 위해 접경생물권보전지역으로 지정하게 된 거야. 그런데 우리는 아직 군사적으로 대치상태이기 때문에 상황이 달라. 그렇지만 평화를 이루어내고 생태계를 보전하기 위해서 서로가 함께 관리하는 방법을 찾는 것이 현명하겠지.

　　얘기를 듣다보니 잘 이해되지 않았던 생각이 정리된 것 같아요. 남북한이 평화를 찾는 것과 생태계를 보전한다는 것을 따로 구분해서만 생각했었거든요. 그런데 이제 이 두 문제를 연결해서 볼 수 있을 것 같아요.

　　그래, 네가 갈수록 잘 정리하는구나. 사실 아빠는 생태계와 관련된 대화를 하면서 걱정을 많이 했거든. 내용이 상당히 지루할 수 있으니까 말야. 네가 앞으로도 지식을 습득할 때, 지금과 같은 자세가 필요하다는 걸 잊지 말아라. 구체적이고 전문적인 지식을 알아야 할 때도 있지만, 흐름을 잘 파악하는 것도 중요해. 흔히, 맥락을 잘 이해해야한다고도 하지. 나무만 보고 숲은 보지 못한다는 말과도 같은 거야. 전체의 방향과 흐름을 잘 파악하고 판단하는 것이 무슨 일을 하더라도 매우 중요하단다.

　　자, 네 말대로 우리는 지금 많은 사람들이 따로 생각하고 있는 평화와 생명의 문제를 동일선상에 올려놓고 얘기를 하고 있는 거야. 평화를 정착시키고 생태계를 보전하는 것을 별개로 생각하는 사람들이 아직 많아. 정부나 많은 사람들은 DMZ 일원지역의 생태계 보전은 남북관계가 잘 풀리면 그 다음으로 추진할 수 있다고 생각하고 있거든. 생태계 보전은 후순위라는 거지. 지금까지 나온 대부분의 정책 방향이 그렇게 되어 있어.

하지만 아빠 생각은 그렇지 않아. 남북한 관계가 좋아진다고 해서 당연히 그 다음으로 DMZ 일원지역의 생태계를 잘 보전할 거라고 볼 수 없지. 왜냐하면 개발욕구가 훨씬 강하기 때문이야. 아빠는 생태계를 보전하는 노력이 오히려 평화 정착에 도움이 된다고 본단다.

지금 개성에는 남북합작으로 지은 개성공단이 있어. 남한은 산업을 유치했고, 북한은 일할 수 있는 노동력을 제공하여 운영하고 있단다. 그런데 남북관계가 냉랭해지니까 기업이 문을 닫아야 하는 심각한 상황을 맞고 있어. 물론 이런 산업도 공동으로 유치하는 것이 맞아. 그러나 서로의 이해관계가 맞물려 있으니까 복잡해지는 거야.

이런 것을 상상해보면 어떨까? 만약 DMZ 일부를 개방해서 남북한이 공동으로 관리할 수 있는 방안을 찾는다면 가장 적합한 것은 무엇일까 하고 말이야. 아빠는 남북한이 공동으로 생태계보전지역을 지정해서 관리하는 방안이 좋다고 생각해.

아빠의 뜻을 알겠지만, 너무 이상적인 것이 아닌가요. 평화공원이나 생물권 보전지역 등 많은 제안이 있었지만 제대로 실행된 것은 없잖아요. 군사적 대치 상황에서 남북한이 공동으로 관리하는 생태계보전지역을 지정할 수 있나요?

그래. 네 말대로 눈앞의 현실은 어렵다고 할 수 있지. 그런데 50년 동안 끊어졌던 철도와 도로가 연결되었던 것을 상기해봐. 가능성이 없다고 할 수 없잖니. 그리고 무엇보다도 중요한 것은 공동의 실험이야. DMZ 전 지역을 그렇게 하자고 주장하면 당장은 허무맹랑한 소리에 불과하지. 그런데 생태계가 매우 중요하다고 서로 인정한 일부 지역을 대상으로 하면 그렇게 어려운 문제가 아니라고 생각해. 꼭 육지가 아니라 바다라도 상관없어. 처음이 어렵지 그 다음부터는 한결 쉽잖아. 그리고 무엇보다도 그 효과가 크다는 거야.

생태계를 공동으로 관리하는 것은 우선 이해관계가 없기 때문에 관리가 훨씬 편해. 환경을 보전한다는 것은 개개인이나 국가의 이해관계가 없는 문제니까 말야. 지구는 지구에서 살고 있는 사람과 생명들의 공동체이고, DMZ는 남과 북의 사람들과 생명 모두의 공동체잖아. 공동으로 조사하고 연구하고 학술토론을 하는 거야. 그렇게 되면 세계 각지에서 많은 사람들이 몰려올 거야. 우선 이 곳을 개방했다는 데에 관심이 높아질 수밖에 없어. 생태계에 관심이 많은 학자들이 찾아오겠지. 말 그대로 생태관광이 될 수 있다고 봐. 경제적 이익도 생길 수 있는 거지

개성공단 같은 공동 산업도 좋지만 이는 서로 사이가 나빠지면 모든 것이 상대방을 위협하는 수단이 될 수 있어. 북한은 개성공단에 들어가 있는 기업의 생산활동을 중단시키겠다고 하고, 남한은 북한의 일하는 노동자들이 일을 못하면 결국 북한 경제에 나쁜 영향을 미칠 것이라고 하면서 서로 위협하잖아. 금강산 관광이 중단된 것은 안타까운 일이지만, 지나치게 이해관계로 운영되기 때문에 영향이 크다는 거지.

생태계를 잘 보전하기 위해서는 먼저 조사가 철저히 이루어져야 한다. 비무장지대 일원지역에 대해서 그간 여러 차례 조사가 진행되었지만 완벽한 조사라고는 할 수 없다. 군사지역이라 제약이 많고 지뢰 등 위험지역이 많아 충분한 조사가 진행되지 못했기 때문이다. 외국 생태전문가들도 이 지역에 대한 관심이 매우 높다.

반면 생태계공동관리구역은 그런 위협수단이 못 되지. 거기에 막대한 자본을 투자해서 매일 물건을 생산하거나 많은 일자리를 만드는 것이 아니기 때문이야. 그런데 효과는 훨씬 크지. 그리고 이런 사례들이 성공하면 점차 좋은 방향으로 나아갈 수 있잖아. 우리 가족이 가끔 가는 뒷산이 누구 소유나 이해관계에 의해서 운영되는 건 아니잖아. 그리고 우리 동네 사람들만 오는 것도 아니고 말이야. 그렇기 때문에 생태계 보전문제가 남북한 대치를 해소하고 평화로 가는 데 도움이 된다는 거야.

　　국제단체들이 말하는 평화공원 등의 방법은 확실히 좋은 내용이었지. 그러나 그 시기가 너무 이른 감이 있었어. 평화적인 교류가 전혀 없는 시기에 제안한 것이기 때문에 당시에는 실효성이 떨어진 거야. 그러나 지금은 상황이 달라. 남북한이 관계를 개선한 경험이 많거든. 그리고 북한은 경제적 사정이 어렵지만 남한은 필요한 재정이나 자원을 감당할 수 있는 능력이 충분하잖아. 마음만 먹으면 할 수 있다는 거야.

　　국제적인 사례가 많기 때문에 다양한 사례들을 조사하고 연구해서 우리한테 맞는 내용을 만든다면 가능할 수 있겠네요.

　　그렇지. 그러기 위해서는 무엇보다 관심과 참여가 높아져야 해. 정부는 정부 차원에서 프로그램을 만들고, 연구기관에서는 더욱 많은 조사와 연구를 진행하고, 환경단체들은 시민들의 관심과 참여를 높여나가는 다양한 활동이 진행될 필요가 있지. 더 많은 조사와 연구도 필요해. 이미 보전의 기본 뼈대를 만들었다고 할 수는 있지. 2003년에 환경정책평가연구원이 'DMZ 일원의 환경보전 기본방안' 보고서를 내면서 보전의 기본 뼈대가 만들어졌으니까. 정부 차원에서는 2004년 대통령이 주재한 국무회의에서 환경부가 DMZ 생태계의 중요성을 보고한 후 국무총리실 산하에 'DMZ 일원 생태계보전대책 협의회'라는 기구를 만들기도 했어.

지방자치단체에서도 관심이 많이 늘어나고 있어. 경기도, 강원도 등지에서는 정기적인 학술대회와 문화행사를 하고 있고, 기초단체들도 독수리 먹이주기 행사, 철새 생태관광 프로그램 등을 만들어 시민들의 참여를 독려하고 있지.

이렇게 DMZ 일원지역에 대한 관심이 지속적으로 확대되고 있지만 DMZ 일원지역의 생태계에 대한 조사와 보전대책이 아직도 충분하다고는 할 수 없어. 특히 DMZ는 남쪽지역의 관할권이 유엔사에게 있기 때문에 출입도 어렵지. 그간 환경부가 이 지역에 대한 조사를 하려고 했지만 출입허가가 나오지 않다가 2008년이 되어서야 처음 조사를 시작했어. 2008년 11월에 파주 연천 지역을 시작으로, 2009년 9월과 11월에 철원지역의 DMZ 내부를 조사했지. 군사지역이고 또 위험지역이다 보니 출입이 매우 엄격해.

DMZ는 자연환경보전법의 대상이야. 자연환경보전법은 '자연환경을 인위적 훼손으로부터 보호하고, 생태계와 자연경관을 보전하는 등 자연환경을 체계적으로 보전·관리함으로써 자연환경의 지속가능한 이용을 도모하고, 국민이 쾌적한 자연환경에서 여유 있고 건강한 생활을 할 수 있도록 한다'는 목적으로 만든 거란다. 한마디로 자연을 잘 보전하기 위한 법이지.

그런데 DMZ는 '자연보전유보지역'으로 지정되어 있어. 자연보전유보지역은 사람 접근이 사실상 불가능해서 생태계 훼손이 방지되고 있는 지역을 말하는 거란다. 사람이 살지 않거나 접근하지 않는 무인도와 같은 경우지. 특별히 생태계보전지역으로 지정하지 않아도 된다는 의미를 담고 있지. 정확하게 표현하면, DMZ 관할권이 대한민국에 속하는 날부터 2년간의 비무장지대를 자연보전유보지역으로 한다는 거야. 지금은 관할권이 우리나라에 없기 때문에 그 관할권을 우리 정부가 가지게 되는 날부터 2년간을 자연보전 유보지역으로 한다는 말이지. 이 지역에 대한 생태계 보전제도가 당장 수립되어 있는 것은 아니라는 거야.

그러면 DMZ를 제외하고 DMZ 일원지역은 어떻게 관리되고 있나요?

이 지역도 아직 종합적인 관리 방안이 마련되어 있지 않아. 지금까지 제안된 보전정책은 대부분 실패했다고 할 수 있어. 환경부에서 지정하려고 했던 국제 야생동식물문공원안은 지역 주민이 반대로 무산되었고, 문화재청이 추진하려던 천연기념물지역 보전도 지역 주민의 반대로 무산되었어. 그리고 환경부의 생물권보전지역안은 아직 진행되지 못하고 있는 실정이지. 이렇듯 DMZ 일원지역의 종합적인 생태계 보전방안은 여전히 안개 속에 있단다.

이상하네요. 이 지역의 생태계가 중요하다고 하면서 전혀 보전지역으로 지정하거나 보호하고 있지 않다는 말이에요?

부분적으로 몇 지역은 보전지역으로 지정되어 있기도 해. 자연환경보전법의 생태계보전지역, 습지보전법의 습지보호지역, 야생동식물보호법에 의한 야생동식물보호구역, 자연공원법의 자연공원 등 법률에 의하여 보호지역으로 지정하고 있지.

강원도 인제군 대암산 용늪은 습지보호지역으로 보호받고 있어. 면적은 큰 용늪과 작은 용늪 주변 1.06km²이고 국제 습지보호협약인 람사르협약에 람사르습지로 등록되어 있단다. 산 정상에 귀중한 습지가 있는, 우리나라 유일의 고층습원이지. 산 정상이나 높은 지역은 습지가 형성되기 어려운 조건인데, 이곳에는 아주 희귀하고 귀중한 습지가 있는 거야.

야생동식물보호구역은 총 21개 구역으로 인천 강화에 2개 구역, 강원도에 9개 구역, 경기도에 10개 구역이 지정되어 있어. 자연공원은 설악산국립공원 북측지역인 202.57km²와 아미산도립공원 3.02km²가 포함되어 있단다. 이런 지역들은 법이나 제도로 보전되고 보호받고 있어. 그렇지만 이보다 훨씬 많은 지역이 보전되어야 하기 때문에 종합적인 보전대책이 필요해.

환경부는 DMZ에 대한 보전대책 범위를 설정했어. DMZ 남측지역에서 민통선지역과 접경지역을 중심으로 하고 있고, 접경지역의 남쪽지역에서도 생태적 연계성이 있는 지역을 포함하여 보전대책 범위를 설정한 거야. DMZ의 남측지역 449km², 민통선과 접경지역 7,586km², 추가지역 213km²로 총 보전대책 범위는 8,248km² 규모란다.

내암산 용늪의 모습. 습지 중에 고층습원은 흔치않다. 산 정상이나 높은 고지대에 습지가 만들어지는
조건 형성이 어렵기 때문이다. 강원도 인제군 대암산 용늪은 우리나라에서는 최초로 람사르협약에 등
록되는 등 매우 귀중한 습지이다. 인제군 서화리 DMZ평화생명동산에 가는 길에 대암산 용늪으로 가
는 표지판이 얼마 전에 생겼다.

8,248km² 규모의 땅은 관할권이 대한민국으로 귀속되는 날 이후부터 보전한다는 것인가요?

아니, 그것은 아직 알 수 없어. 다만, 환경부는 이 범위를 보전대책 범위로 설정하여 우선 생태계 현황을 조사한다는 계획이지.

계획은 1단계와 2단계로 되어 있는데, 1단계에서는 DMZ 내부와 관련한 전반적인 내용을 파악할 계획이야. 첫째, DMZ 내부 남측지역에 대한 토지관련 현황과 토지소유권 관계 등을 파악해야 해. 국가소유인지, 개인소유인지, 또 누구의 땅인지 등을 파악한다는 것이지. 둘째, 이를 기초로 토지관리 방안을 중장기적으로 검토하겠다는 거야. 셋째, DMZ 생태계 조사 및 생물자원보전대책을 추진할 거야. 넷째, 남북한 공동으로 유네스코 생물권보호지역 지정을 장기적으로 추진한다는 계획을 세우고 있지.

2단계에서는 앞서 설명했지만, DMZ에 대한 관할권이 대한민국으로 귀속되는 날 이후 DMZ 전체를 자연환경보전법에 의한 '자연보전유보지역'으로 2년간 지정하여 자연생태계 보전대책을 마련하고, 이후 DMZ 전체를 생태경관보전지역으로 지정하고 보전가치 및 생태적 특성을 고려하여 핵심, 완충, 전이지역으로 구분한다는 목표를 세우고 있지.

다음으로 민통선과 접경지역 등에 대해서는 우선 환경지도인 국토환경성 지도에 따른 사전 환경성 검토를 통해 주요 사업에 대한 개발과 보전의 조화를 꾀하고, 이후 생태적으로 민감한 지역은 생태적 특성을 반영한 보호지역 지정을 통하여 체계적 보전관리를 추진하겠다는 거야.

그런데 언제까지 이 계획대로 추진할 것인지는 명확하게 정해진 바가 없단다. 먼저 조건상 남한정부의 의지대로 결정할 수 있는 한계가 분명하지. 그러나 이런 문제는 '정책결정의 의지'가 중요해. 할 수 있는 것은 먼저 하고 할 수 없는 것은 할 수 있도록 노력해야 하는 것이지. 무슨 말인가 하면, 남한정부가 추진할 수 있는 것은 먼저 해야 한다는 거야. 민통선지역과 접경지역은 남한정부가 보전 계획을 세울 수 있으니까 말야. 이 지역은 북한과 협의대상도 아니고 유엔 관할지역도 아니야. 그러면 먼저 이 지역에 대한 보전 계획을 실질적으로 추진하면서 DMZ에 대한 협의와 남북한 대화가 진행되어야 한다는 거지.

그렇군요. 종합적인 보전 계획은 없다는 얘기네요. 그런데 핵심, 완충, 전이지대라는 말은 무슨 말인가요? 그리고 우리나라도 생물권보전지역으로 지정된 곳이 있나요?

종합적인 보전 계획은 아직 준비단계에 있다고 할 수 있어. 핵심지대, 완충지대, 전이지대라는 용어들은 생태계의 중요도를 구분하는 의미로 유네스코에서 생물권보호지역 生物圈保全地域 biosphere reserve 을 지정할 때 자주 쓰는 말이지.

핵심지대 core area 라는 것은 말 그대로 생태계의 중요성이 높고 사람의 간섭이 없는 지역으로 반드시 보전해야할 지역이라는 거지. 완충지대 buffer zone 는 사람의 활동이 있기는 하지만 최소화해서 자연 그대로 보전해야할 지역, 전이지대 transition area 는 거주지와 개발지역을 포함하지만 개발과 보전이 균형을 이루는 지속가능한 개발이 이루어지는 지역을 말한다고 할 수 있지.

특정지역의 생태계를 보전하기 위해서는 중요한 지역을 핵심으로 보호하면서도 그 주변지역도 함께 보전하고 보호해야 해. 생태계를 잘 보전할 뿐만 아니라 사람들이 이를 잘 이용할 수 있어야 한다는 것이 기본 취지라고 할 수 있어. 그래서 이런 개념을 구체적인 지역에 적용해서 잘 구분해야 한단다. 유네스코는 인간과 자연환경 사이에 관계 개선을 위한 프로그램을 운영하고 있는데, 이를 '인간과 생물권 계획' MAB, Man and the Biosphere program 이라고 해.

생물권보전지역으로 지정되기 위해서는 첫째, 경관, 생태계, 종, 유전적 변이의 보전이 이루어지고, 둘째, 사회·문화적, 생태적으로 지속가능한 경제와 인간의 발전이 동시에 추구되어야 하며, 셋째, 시범사업, 환경교육, 연구 및 모니터링, 과학정보와 실무 경험 교류지원 등이 있어야 해. 또 해당 지역이 지리적 생물권을 대표하는 생태지역일 것, 생물다양성의 보존이 요구되는 지역일 것, 지속가능한 개발이 적용될 수 있는 지역일 것, 그리고 중앙정부와 지역공동체 그리고 시민들의 참여가 가능한 지역일 것 등을 고려해서 핵심, 완충, 전이 지역으로 나눠 지정하는 거야. 대표적으로 남한은 설악산이, 북한은 백두산이 생물권보전지역으로 지정되어 있어.

물론 DMZ 일원지역이 유네스코 생물권보전지역으로 지정된다고 해서 이후 보전에 문제가 없는 것은 아니야. 사실 국제협약은 국내법에 의해 적용을 받아야만 효력이 있는 것이지, 국내법이 없는 상태에서 국제협약이 효력으로 적용되지는 않아. 그러니까 유네스코의 생물권보호지역 지정이 형식에 그치지 않으려면 국내 환경보전과 관련된 법에 의한 지정이 선행되어야 하지. 결국 국제협약 이전에 자국 내에서 보전을 위한 법이나 제도를 먼저 만들어야 한다는 결론이 나지.

국제협약 이전에 국내에서 법을 적용하거나 만들어야 한다면 어떤 법이 필요한가요? 조사를 잘 해서 생태계를 잘 파악하는 것도 중요하지만, 보전할 수 있는 방법을 준비해나가는 것도 중요하지 않을까요?

어떤 법이 있을까? 국내법이나 국제협약 등 DMZ 일원지역에 적용할 수 있는 제도를 한 번 검토해보는 것도 의미가 있을 수 있지.

먼저 국내적으로 보호하거나 보전할 수 있는 제도로 가능한 것을 현재 있는 법 안에서 살펴보자. 생태·경관보전지역, 국립공원, 습지보호지역 등을 적용할 수가 있단다. 생태·경관보전지역은 자연환경보전법에 의해 생물다양성이 풍부하여 생태적으로 중요하거나, 자연경관이 수려하여 특별히 보전할 가치가 큰 지역을 대상으로 하고 있지. 다음으로는 국립공원은 자연환경보전법에 따라 특별히 보호할 가치가 있는 자연환경, 즉 천연적으로 아름다움을 가진 자연뿐만 아니라 희귀 생물들의 서식지, 유적지 등을 포괄한 지역을 대상으로 하지. 습지보호지역은 습지보전법에 의해 생태계 우수지역으로 생물다양성이 풍부하고 그 학술적 가치가 높은 습지지역을 대상으로 하고 있지.

사실 이 세 가지 법 중 어떤 것을 DMZ 일원지역에 적용해도 가능할 정도로 이 지역은 여러 가지 면에서 훌륭한 생태계란다.

그 이외에도 특별법을 만들 수 있지. 만약 정부와 국민들이 의지만 있다면 이 지역을 대상으로 특별법을 만들 수 있단다. 이 지역 생태계의 자산이 그만큼 중요하다는 인식만 함께한다면 얼마든지 가능하지. 예를 들면, 'DMZ 일원지역의 생태계 보전을 위한 법률'을 제정할 수 있다는 거야. 이러한 사례도 있지. 우리나라 생태계에 매우 중요한 의미를 담고 있는 백두대간이 그런 경우지. 백두대간의 생태계를 복원하고 보전하기 위해 만들어진 '백두대간특별법'이 좋은 사례야. 그리고 사실 이렇게 해야만 보전의 의미를 담고 있다고 할 수 있어. 그렇지 않으면 개발의 압력에 많은 지역이 훼손당할 위험이 있거든.

국내에서 보전대책을 만들거나 법으로 지정하면 국제적인 협약에서 지정받는 것이 어려워지지 않나요? 기준이 다를 수도 있잖아요.

아냐, 그렇지 않단다. 물론 국제협약 기준에 잘 맞아야 하겠지. 그러나 국내법에 의해 보전이 된 지역이라면 그 기준이 매우 엄격했을 것이라 판단하기 때문에, 국제협약을 적용하는 것은 복잡한 일이 아닐 수도 있어.

앞서서 말한 생물권보전지역 지정이 그 한 방법이 되겠지. 다른 경우에는 세계자연유산이나 세계문화유산, 세계복합유산 등으로 지정하는 것이 있고, 람사르 습지로 등록 등이 있을 수 있지.

유네스코는 인류의 소중한 문화와 자연유산을 보호하기 위해 세계유

백두대간의 모습. 비무장지대 일원지역의 생태계를 보전하기 위해서는 법과 제도를 정비해야 한다. 현재 정부는 일부 지역에 대해 국립공원 지정을 추진하고 있다. 그러나 보전대책을 제대로 수립하기 위해서는 이해당사자인 주민과 전문가, 환경단체와의 충분한 논의를 진행하여 가장 적합한 보전대책을 마련해야 한다.

산世界遺産, **world heritage site** [6]을 지정하고 있어. 세계유산은 인류 역사적으로 중요한 가치를 가지는 문화유산과 지구의 역사를 잘 나타내고 있는 자연유산, 그리고 문화유산과 자연유산이 섞인 복합유산으로 구분하고 있어.

문화유산은 독특한 예술적 혹은 미적인 업적, 즉 창조적인 재능의 걸작품을 대표하는 유산을 말해. 자연유산은 특별한 자연미와 심미적 중요성을 지닌 빼어난 자연 현상이나 지역, 또한 과학적 또는 보전적 관점에서 뛰어난 보편적 가치가 있는 멸종위기종을 포함하는 곳을 비롯하여, 생물다양성의 현장보전을 위해 가장 중요하고 의미 있는 자연서식지 등을 말한단다. 우리나라는 종묘(1995), 해인사 장경판전(1995), 불국사·석굴암(1995), 창덕궁(1997), 수원 화성(1997), 경주 역사유적지구(2000), 고창·화순·강화 고인돌유적(2000), 조선왕릉(2009) 등 8곳이 문화유산으로 등록되어 있고, 제주 화산섬과 용암동굴 1곳이 자연유산으로 등록되어 있어.

람사르습지등록은 앞서서 설명한 바 있지. 이렇게 본다면 DMZ 일원지역은 세계유산이나 람사르 습지 어느 곳에도 등록 가능한 세계적인 자산이자 자원이라 볼 수 있지.

DMZ 내부는 사람의 출입이 어려운 지역이라 생태계가 잘 보전되어 있지 않나요?

---

6 전 세계에 등록된 세계유산은 총 148개국 890건으로 문화유산 689건, 자연유산 176건, 복합유산 25건이다. 등록되었지만 위험에 처한 세계유산은 모두 31건이다.

그럴 수도 있지만, 막연히 생태계가 잘 보전되었을 거라고 상상하는 것은 무리가 있어. 왜냐하면 이 지역은 한국전쟁 때 치열한 전쟁터였고, 지금도 위험지역이야. 특히 이곳은 남과 북이 서로를 경계하는 지역이기 때문에 혹시 모를 군사 행동을 우려해 과거 정기적으로 불을 질렀어. 일명 사계청소射界淸掃라고 하지. 대부분 산악지대이고 숲이 우거진 지역이기 때문에 이렇게 하여 총이나 대포의 사격에 방해가 되는 것을 없애고 상대방의 군사적 움직임을 알아볼 수 있도록 한 거야.

지금은 남북한이 서로 합의하여 이를 중단했지만, 정기적으로 불을 질렀기 때문에 생태계에는 타격이 엄청 컸을 거야. 그래서 이런 지역은 생태계가 건강하다고 말할 수 없고, 복원되기에도 상당한 시간이 걸리겠지. 그런데 산불과 관련해서는 다른 주장도 있어. 불이 발생했다고 해서 모든 생태계가 황폐화되는 것은 아니라는 거야. 나무나 숲이 불에 타고 나면 얼마 후에 초지가 형성되기 때문에 생물종이 다양해진다는 것이지. 그러나 인위적으로 불을 내는 것을 좋다고 말하기는 힘들어.

DMZ 내부 남측지역인 449km²에 대해서 조사한 국토환경성평가에 따르면 보전 위주의 관리가 필요한 지역의 1, 2등급에 해당하는 지역이 87.3%나 된다고 해. 이 지역의 생태계가 건강하다고 볼 수 있는 거지. 국토환경성평가는 과거 환경문제가 국지적 차원에서 발생했다면 이제는 넓은 영역으로 확대되고 있기 때문에 위성사진, 토지상태, 자연생태의 상태를 공간적으로 놓고 평가가 이루어져. 원격탐사나 지리정보시스템을 이용하는 것이지. 한마디로 하면 넓은 지역을 놓고 생태계의 상태를 평가한다는 거야. 물론 이

지역은 직접 조사가 어려워 위성사진을 판독하는 간접방법으로 이루어졌지만 말이야.

민통선지역이나 접경지역의 경우도 국토환경성평가 결과, 보전 위주의 관리가 필요한 지역이 1등급 57.6%, 2등급 17.6%로 나타났어. 총 75.2%가 1, 2등급을 차지하고 있어서 생태계가 우수하다고 할 수 있지. 전체 면적 7,782km² 중 5,856km²를 차지하고 있는 거야. 여기서 잠깐 얘기하고 가야할 대목이 있어. 아빠가 1등급과 2등급을 기준으로 우수성을 평가하고 있는데, 1등급과 2등급만이 생태계가 우수하다고 하는 것은 아니야. 그 가치 정도에 의해 구분할 뿐이야.

결과적으로 이 지역은 개발사업에 대해 계획을 세울 때 환경평가제도를 잘 활용하겠다고 하는구나. 1, 2등급지역은 보전 위주로 관리하지만 개별 사안별로 검토한다는 계획이지.

또한 생태적으로 중요한 지역은 보호지역으로 지정한다는 계획이야. 향로봉·건봉산, 대암산·두타연, 철원평야, 임진강·한강하구 등을 보호지역으로 지정·관리한다는 계획이지. 서해는 남북한 공동 '국제해양평화공원'으로 지정 추진하려고 하고 있어. 그러나 이 계획들은 계획으로 머물고 있을 뿐 아직 구체적인 법이나 제도까지 만들고 있지는 못하고 있단다.

그럼 아빠는 정부가 계획대로 추진하면 문제가 없다고 보는 건가요?

아니, 문제가 없진 않아. 먼저 정부의 조사에는 몇 가지 한계가 있어.

우선 DMZ 일원지역의 생태계 중요성이나 보전 필요성에 대한 공감대는 어느 정도 같다고 할 수 있지. 그러나 중요한 것은 생태계 보전을 위한 방법과 절차, 내용을 어떻게 준비하고 만들어 갈 것인가 하는 점에서는 여전히 이견이 있단다. 조사 대상의 범위에서도 군사지역이 제외되어 있지. DMZ 전체 생물상에 대해서 아직 종합적인 조사가 이루어지지 못하고 있어.

물론 군사지역이다 보니 민감하다는 것은 공감해. 그렇다면 다른 방법을 찾아야지. 예를 들면, 국방부 내에 환경전문가를 임명해서 정기적인 조사를 하고 환경부와 협조를 한다든지, 아니면 민감한 지역을 최대한 피하면서도 조사를 할 수 있게 하는 등의 방법을 적극적으로 강구해야 하는 것이지. 또한 부분적인 개방도 해야만 하는 것이고. 국방부나 UN사가 충분히 협조를 해야 한다고 봐.

또 보호·관리되어야만 하는 곳으로 조사된 지역은 보호지역으로 우선 지정을 해야 한다고 생각해. 조사에 따르면 보전지역 지정이 불가피한 지역이 있는데, 이를 방치할 경우 생태계가 파괴될 위험이 있어. 그러니까 정부가 현재 보호해야할 지역에 대해서는 우선 보호지역으로 지정하여 이를 보전해야 한다는 거야.

북한과의 협상도 필요하겠지. 물론 협상은 아주 힘든 과정일거야. 남한과 북한의 정치·군사적 긴장을 근본적으로 풀지 않으면 논의가 안 될 테니까. 그럴수록 남북협상을 다각적으로 충실하게 해나가면서 한편에서는 남한 단독으로 추진할 수 있는 보전대책을 미리 수립해야 한다는 거지.

법적 효력이 미치지 않은 DMZ 내부와 구별하자는 거야. 민통선지역과 접경지역은 한국정부의 법적 효력이 미치는 지역이기 때문에 북한과의 협상 이전에 남한의 단독 의지로도 보전대책을 수립하고 추진할 수 있는 지역이라는 거지. 그래야만 북한도 상당히 자극을 받을 수 있잖아. 전쟁하지 않고 좋은 일을 한다는데 비난할 수 없잖니.

예를 들면, DMZ 남측지역은 남방한계선에 철책선이 있어서 동물들의 이동이 어렵고 생태적 단절을 초래하고 있잖아. 이를 과감히 철거할 필요가 있어. 이런 활동을 과거에는 정치적인 의미로 해석하고 서로를 비방했지만, 이제는 생태계 보호차원에서 한다면 서로 적대적인 대응은 자제할 거라 볼 수 있단다.

그러니까 아빠 생각은 우리가 먼저 할 수 있는 일을 먼저 하고, 북한과 상의할 문제는 대화를 하고 국제적인 노력도 함께 하자는 거잖아요. 제가 생각해도 합리적인 순서 같은데, 정부는 왜 이런 생각을 못하는 거죠?

지금 DMZ 일원지역의 생태계를 보전하기 위한 노력은 어떤 순서가 정해진 게 아니란다. 남북한이 군사적으로 대치하고 있으니까 이 문제가 풀려야만 다른 것도 해결할 수 있다고 생각해서는 안 돼. 보전이 시급한 생태계지역이 늘어나고 있다는 점에서도 그렇지만, 대치상황을 풀어나가는 데도 도움이 되지 못해.

조사가 부족하다면 더욱 철저히 조사하고, 당장 보전의 가치가 높은 지역은 보전절차를 진행해야 해. 이와 더불어 북한과 협의가 필요하면 협의를

고성 남방한계선의 모습. 지금까지 남북한 간의 회담에서 환경은 주요 의제가 되지 못했다. 정치·군사·경제적 의제들이 핵심적인 사안이었고 앞으로도 그럴 것이다. 그렇지만 비무장지대 일원지역에 대한 생태계 보전 방안 등을 포함해서 다양한 환경의제들을 남북회담 자리에 올리려는 노력을 계속해야 한다. 남한이 앞서 보전대책을 수립한다면 북한도 자연스럽게 참여할 수 있을 것이다.

진행하고, 국제적인 협력과 노력이 요구되는 것은 그대로 함께 진행하면 돼. 시급하게 처리해야 할 것과 장기적으로 준비할 것을 구분하지 않고, 또 우리가 결정할 수 있는데도 이를 미룬다면 결코 올바른 방향을 찾을 수 없지 않겠니? 정부 역시 창의적인 생각을 해야 한다고 생각해. 남북한 관계가 풀린 다음에서야 생태계 보전을 추진하는 것이 아니라, 우리가 먼저 할 수 있는 것은 먼저 하는 모범을 보여야 한다는 거지. 그것이 지금의 상황을 가장 현명하게 풀어가는 방법이라고 아빠는 생각한단다.

DMZ, 오늘을 넘어 미래를 구상하다

아빠, DMZ 일원지역에 대한 생태계나 보전에 대한 얘기를 듣다 보니 한 가지 걱정되는 게 있어요. 이 지역을 개발하면 생태계에 문제가 생길 것 같은데, 지금도 개발 계획이 세워지고 있잖아요. 아빠도 개발에 대한 위험을 자주 얘기하셨고요. 현재 구체적인 개발 상황이나 계획을 알고 싶어요.

네가 걱정하는 게 무엇인지 알 것 같구나. 한 가지 알아둘 건, 아빠 얘기가 개발은 무조건 안 된다고 얘기하는 것으로 들렸다면 그건 오해라는 거야. 개발도 필요하고, 주민의 생활개선과 소득증대도 모두 필요해. 다만 개발도 계획적으로 이루어져야 한다는 거야. 어떻게 보전하고 어떻게 개발할 것인가를 놓고 진지하게 검토해서 확정해야 한다는 거지.

여기에 적합한 말이 '지속가능한 개발Sustainable Development'이야. 이 말의 정의는 '미래 세대의 욕구를 충족시킬 능력을 손상시키지 않으면서 우리 세대의 욕구를 충족시키는 개발'이란다.

이 말은 '리우 환경회의'에서 처음 시작되었어. 1992년 세계 각국 정상들이 '환경 및 개발에 관한 국제연합회의'를 위해 브라질 리우에 모였지. 이 회의는 리우에서 열렸다고 해서 '리우환경회의'라고 불러. 환경문제 때문에 각 국가 정상들이 모인 것은 사실상 이때가 처음이었어. 물론 논란은 무수히 많았지. 그래도 지구 환경문제가 심각하다는 결론에 함께 하면서 몇 가지 선언을 채택했단다. 지속가능한 개발을 하자, 지구적으로 생각하고 지역에서 실천하자는 등의 내용을 담은 선언이었어. 그리고 '1990년대와 21세기의 환경을 위한 실천 계획'인 '의제 21 **Agenda 21**'을 179개국이 서명하여 채택했지.

그래서 지속가능한 개발이나 발전은 21세기 지구촌에서는 가장 보편적이고 일반적으로 쓰는 말이 된 거야. 21세기 지구를 보호해야 하는 인류에게는 지침서 같은 의미를 담고 있다고 봐야 할 거야.

그런데 이 말을 쓰는 것과 실제 그렇게 하고 있는 것과는 차이가 많아. 우리나라도 이 말을 많이 쓰기는 하지만 그렇게 실천하고 있다고 보기는 어려워. 그러나 DMZ 일원지역의 경우에는 이 개념을 잘 적용할 수 있다고 생각해. 아직까지 DMZ 일원지역에 적용할 수 있는 지속가능한 개발의 적합한 사례가 딱히 있는 것은 아니지만, 일반적으로 지속가능한 발전이나 개발에 관한 여러 가지 사례는 많이 있으니까 지혜를 모아야 하겠지. 다만, 항상 중요하게 여겨야 할 점은 개발이 초점이 아니라 환경과 생태계 보전에 초점을 맞추어야만 한다는 것이지.

정부의 개발정책은 지속가능한 개발이라는 원칙에 충실한 건가요?

2000년 접경지역지원법을 국회가 제정하면서 접경지역에 대한 종합적인 개발 계획이 시작되었다는 얘기는 앞에서 잠깐 얘기했었지. 남북분단 때문에 지난 50여 년간 토지이용의 규제와 지역개발 투자가 미흡해서 주민의 불만이 높았거든. 국회가 접경지역지원법을 만들면서 강원, 경기, 인천시 등의 DMZ 일원지역들은 접경지역권으로 포함되었단다. 이후 1차 남북정상회담 등 남북한의 평화적 교류가 활발해지고 경제적 협력이 증가하면서 북한지역에 가까운 이 지역들도 개발 계획들이 많아지기 시작한 거야.

접경지역 개발 계획의 큰 틀은 제4차 국토종합계획(2000~2020년)에 기반하고 있어. 국토종합계획은 20년에 한 번씩 세우는 국가의 최상위 개발 계획으로 도로, 도시 등을 건설할 계획을 수립하는 것을 말하지.

제4차 국토종합계획에서 접경지역 개발 계획만을 놓고 본다면 첫째, 남북교류협력기반 조성, 둘째, 남북한 간선교통망 연결, 셋째, 동북아철도 연결노선이라는 내용이 담겨 있는데, 이는 교통축을 확장하기 위한 것이었어. 끊겼던 기존 남북한의 도로나 철도를 연결하겠다는 거야. 남북간 연결도로 7개 가운데 3개를 먼저 연결하고, 나중에 7개 모두를 연결한다는 계획이었지. 또한 철도인 경의선, 경원선, 동해선을 복원해서 남북한 철도를 개통하고, 나아가서는 중국횡단철도TCR, 만주횡단철도TMR, 시베리아철도TSR와 연결해서 동북아 간선철도망을 형성하겠다는 목표를 세우고 있지. 남북한의 철도를 연결하면 중국과 러시아의 철도와 연결해서 유럽까지 갈 수 있다는 거야.

와, 그러면 나중에는 기차를 타고 만주와 시베리아도 갈 수 있고 유럽여행도 가능하겠네요?

물론이지. 이 목표가 이뤄지고 남북관계만 잘 개선되면 기차를 타고 유럽까지도 갈 수 있어. 유럽으로 가는 화물을 지금은 배에 싣고 가지만 기차가 개통되면 기차에 싣고 갈 수 있어 훨씬 빠른 운송수단이 되는 거지. 그래서 남북한이 평화적인 관계가 되어 철도나 도로를 연결하는 것이 매우 중요해. 사실 바다로 가면 물류비도 비싸고 시간도 오래 걸리거든. 그런데 기차로 물건을 실어 나른다고 생각해봐. 경제적 이익이 많을 수밖에 없지. 그러나 철도나 도로를 만드는 것이 좋은 것만은 아니야. 생태계를 파괴할 수 있기 때문에, 반드시 이 지역의 생태계를 고려해서 만들어야 해. 항상 어떤 일에는 장점과 단점이 상존하잖아. 나쁜 점을 충분히 고려하면서 좋은 점을 최대한 살리는 계획을 세울 때 지혜롭다고 할 수 있을 거야.

만약 이렇게 많은 도로나 철도가 복원되거나 개설되면 당장 이 지역의 생태계가 끊기는 현상이 발생하겠지. 앞에서 생태계는 연결되어 있고 넓은 땅을 보전해야만 한다고 했는데, 자꾸 도로나 철도가 생기면 생태계가 단절될 테니까 말야. 그래서 철도나 도로를 연결하더라도 적게 만들어야 하고, 또 조사를 철저히 해서 생태계에 피해를 최소화해야 하겠지.

예를 들면, 이렇게 해 볼 수도 있지. 불가피하게 도로나 철도를 더 만들어야 한다면 땅속으로 통과하도록 하는 것도 고려해볼 수 있는 거잖아. 이를 지중화地中和라고 하는데, 현재 도시구간의 철도는 대부분 지중화로 하고

끊어진 철길. 남북한 간의 철도나 도로를 다시 잇는 것은 크게 환영할 만한 일이다. 끊어진 길을 하나로 연결하는 것 자체가 서로가 가까워지고 있다는 증거이다. 자주 오고가면 정이 생기고 마음이 열린다. 평화의 시작이다. 물론 이 시작이 비무장지대 일원지역에 사는 생명들도 함께 고려한 것이라면 더할 나위 없이 좋을 것이다. 평화와 생명이 통일되는 것이다.

있어. 이런 적극적인 방법을 찾아야만 이 지역의 생태계를 잘 보전할 수 있는 거야.

아빠 생각처럼 생태계를 보전하면서 개발할 수 있는 지속가능한 개발 계획을 세우면 좋겠네요. 정부의 계획 중에 그런 계획은 없나요?

국가의 종합계획으로는 제4차 국토종합계획(2000~2020), 제3차 수도권정비계획(2006~2020), 접경지역종합계획(2002~2011) 등이 있지. 또한 광역자치단체인 강원도, 경기도, 인천시 등 각 시·도별 계획이 있고, 기초자치단체인 시·군·구 역시 계획을 세우고 있어.

국가의 종합계획 중 대표적인 몇 가지를 살펴보자. 도로나 철도 개설을 기본으로 경기도는 2008년에 완공된 파주 도라산 평화공원, 남북 협력단지, 기업유치 등이 있고, 강원도는 동해안에 항만, 철원지역에 물류와 관광벨트 등을 만들 계획을 추진하고 있지. 또한 남북한 도로나 철도에 이어 남한 내에 도로개설이 계획되고 있고, 접경지역지원법에 의해 산업시설, 관광개발, 도로개설 등을 계획하고 있어. 이처럼 개발 계획이 굉장히 많아.

하지만 이런 개발 계획이 철저한 조사 아래 추진되고 있는 것인지에 대해서는 여전히 의문이 남아 있어. DMZ 일원지역은 한반도를 가로질러 동과 서로 펼쳐진 생태계야. 그런데 남과 북을 잇는 세로축으로 도로나 철도를 연결하게 되면 생태계가 토막나게 돼.

물론 남한과 북한이 대립하지 않고 평화적인 관계로 변화하기 위해서는 교류를 많이 해야 하고, 도로나 철도를 많이 만들면 자주 만나고 오가기 때문에 좋은 일이지. 그런데 그 전에 한 가지 서로 약속을 할 필요가 있다고 생각해. 이 지역의 생태계를 잘 보전하면서 평화로운 관계를 만들어가야 한다는 거야. 이 지역은 남북 어느 쪽의 입장을 떠나 한반도 전체로 보면 대단히 중요한 생태계 지역이기 때문이야. 이왕에 평화적인 동반자가 되겠다면 이 무수한 생명도 함께 평화로워지면 얼마나 좋은 일이니. 평화는 곧 생명을 존중하겠다는 의미잖아. 그런데 많은 도로나 철도가 생기면서 평화로운 관계가 될 수는 있지만, 스스로 생명력을 복원한 이 지역의 생명들을 파괴하고 사라지게 만든다면 문제가 있겠지? 그래서 평화와 생명이 함께하는 DMZ 일원 지역의 보전이 중요하단다.

참 어려운 문제네요. 남북의 평화를 위해서는 철도도 연결하고 도로도 만들어야 하는데, 그러다 보면 생태계가 파괴된다고 하니 쉽지가 않겠어요. 그렇다고 보전만 하자고 할 수도 없잖아요. 그런데 지금과 같은 개발 계획이 꼭 필요한 것인가요? 얼마나 많은 도로나 철도가 만들어지나요?

그래, 결코 쉬운 문제는 아니야. 그런데 어떤 원칙을 세울 것인가를 먼저 정하면 문제는 사실 간단하게 풀릴 수도 있단다. 생태계 파괴를 최소화하고, 불필요한 시설을 만들지 않고, 철저한 조사를 통해서 계획을 수립한다는 몇 가지 원칙을 세워 추진하면 돼. 또한 남북한을 연결하는 철도나 도로 말고 남한 내에 불필요한 도로 건설계획도 줄여야 해.

지금 계획되고 있는 것은 크게 두 가지가 있는데, 하나는 남북한 연결이고 다른 하나는 남한지역 내 도로건설계획이야. 이를 합치면 24개의 도로와 철도가 만들어지는 거란다. 이 중 경의선, 동해선 철도와 도로 4개 노선, 국도 1호선은 이미 연결되어 DMZ를 통과하고 있어. 한 번 계산을 해보자. 남한지역의 도로계획 7개를 빼고 남북한 연결도로나 철도만 계산하면 총 17개야. 만약 248km의 DMZ 길이에 17개의 남북한 도로와 철도가 연결된다면 평균 15km 간격마다 생태계가 끊어지는 셈이 되지.

　　따라서 생태계를 조각조각 단절시키는 문제가 발생해. 그렇기 때문에 신중하게 검토하고 최소화해야 한다는 거야. 또 도로나 철도를 만들 때 통과예정구간의 생태계를 철저히 조사해서 보전가치가 높은 지역은 보전할 수 있는 방법을 찾아야 해. 노선을 변경하거나 재조정하고 지중화할 필요가 있지.

　　지금의 정부 계획을 보면 앞다투어 개발 계획만 내놓을 뿐, 생태계 보전을 위한 계획은 턱없이 부족하단다. 예를 하나 들어볼까. 접경지역종합계획의 전체사업비가 5조1,278억 원인데, 산림과 환경보전에 배분된 사업비는 5,521억 원으로 10.8%에 불과해. 개발에 대한 투자비용에 비하면 매우 빈약한 비용이지. 환경부 소관 사업을 보면 32개 사업 중 22개 사업이 상하수도 및 환경기초시설에 관련된 사업들로, 이는 환경부 소관 사업비 2,576억 원으로 56.9%를 차지하고 있어. 반면 자연환경보전이나 생태계 보전에 따른 지역주민 지원은 상대적으로 매우 미약하지. 물론 모든 것을 단순 비교할 순 없지만 생태계 보전보다는 개발에 더욱 집중하고 있는 것이 사실이야.

동해선 공사로 푸른 녹지에 황토빛 길이 생기고 있다. 철도나 도로를 놓기 위해서는 개발을 서두르기 이전에 지역에 대한 환경조사도 하고 철도나 도로가 통과하면 발생할 수 있는 환경문제를 꼼꼼히 판단해야 한다. 생태계는 한 번 파괴되면 복원이 어렵다. 소중한 생태계지역을 보전하면서 땅속으로 길을 내는 방안도 고려해야 한다.

도로 개발과 관련해 얘기를 하다 보니 문득 떠오르는 사건이 있는데, 바로 외래종 문제야. 외래종 문제는 개발 때문에 일어나는 직접적인 생태계 파괴는 아니지만, 개발과 맞물려 생태계를 훼손하는 의외의 문제란다.

외래종이요? 그러니까 원래는 우리나라에 없는 생물들이 들어와 DMZ 일원지역의 생태계에 영향을 끼친다는 말인가요?

　　그래. 지금은 수많은 사람들이 전 세계 곳곳을 오가고 물건도 이동하는 세계화시대잖아. 그러다 보니까 동물이나 식물, 그밖에 박테리아까지 국제적으로 이동하지. 하늘로, 바다로 오고가니 육지나 바다 모두 외래종이 들어와 살게 된 거야. 문제는 이 외래종들이 번식력이 매우 왕성하다는 거야. 없어지지 않고 너무 잘 살지. 어떤 생물은 아예 원래 살고 있던 자생종을 없애버리고 자신의 영토를 넓히거나 다른 생물을 잡아먹어버려. 아주 고약한 경우지. 이를 생태계 교란이라고 해. 그래서 정부는 생태계를 교란시키는 야생동식물을 등록해 관리하고 있어.

　　정부에서 등록한 생태계 교란을 일으키는 야생 동식물은 총 16종으로 양서파충류인 황소개구리, 붉은귀거북을 포함하여 파랑볼우럭, 큰입배스, 뉴트리아 등 동물 5종과 돼지풀, 단풍잎돼지풀, 서양등골나물, 털물참새피, 물참새피, 도깨비가지, 가시박, 애기수영 등 식물 11종이 있어.

　　DMZ 일원지역에는 특히 단풍잎돼지풀이 많아서 골치가 아프단다. 단풍잎돼지풀은 도로변에 가장 많이 있고 하천변에도 많이 자라고 있는 것으로 조사되고 있어. 문제는 DMZ 일원의 개발 계획 중 도로가 차지하고 있는 비중이 높기 때문에, 이 식물이 급격히 여러 지역으로 확산되고 있다는 거야. 도로가 많이 생기니까 이를 따라 퍼져나가는 거지. 물론 이를 관리하기 위한 노력을 하고 있지만 사태가 더 이상 심각해지지 않도록 대책을 마련해야 해.

개발에 대한 아빠의 우려를 듣고 있으면 저도 생태계 보전이 중요하다는 생각이 드는데, 이 지역 주민은 그동안 규제를 많이 받아 개발을 더 많이 해주길 바랄 것 같아요. 생태계 보전이 중요하다고만 하면 반발도 심할 것 같은데요.

네 말대로 이 지역은 각종 개발을 제한하는 규제가 많았다고 할 수 있어. 일례로 이 지역은 군사시설보호 때문에 규제를 많이 받고 있지. 경기도의 경우 접경지역에 포함되어 있는 7개 시·군이 군사시설로 인해 규제를 받고 있어. 전체 면적을 합하면 69.8%로, 전국 군사시설보호구역의 37.6%를 차지하고 있지. 이 중 연천군은 100%, 파주시는 99.3%, 김포시는 76.1%, 고양시는 52.1%야. 상당히 많은 면적이 규제대상지역으로 분류되어 있다다

강원도의 경우에는 전체 면적의 32%만이 개발을 할 수 있는 지역이야. 그리고 대부분 산악지역이어서 개발 자체가 어렵지. 자연환경보전지역으로 지정된 면적은 17.7%를 차지하고 있고, 접경지역의 군사시설보호구역은 강원도 전체 면적의 65%를 차지하고 있어. 철원군은 100%, 화천군은 82.4%, 양구군은 50%, 인제군은 40.9% 고성군은 66%가 군사시설보호로 인해 규제를 받는 지역이지.

인천시 강화군의 경우 민통선 이북인 통제보호구역이 63.23km², 민통선 이남인 제한보호구역이 347.6km²로 규제를 받고 있지. 옹진군의 경우 북도면을 제외한 접경지역 대부분이 제한보호구역으로 지정되어 있어.

이렇게 규제를 받아왔기 때문에 이 지역 주민의 불만이 많은 것도 사실이야. 하지만 개발을 하더라도 어떤 개발을 할 것이냐 하는 질적인 내용이 중요하지, 많은 양의 개발이 중요한 것은 아니잖아. 무슨 말이냐 하면, 개발을 해도 지역 주민이 경제적으로 실질적인 이익을 보는 개발이 필요하다는 거야. 개발은 많은데 주민의 삶에 도움이 되지 않는 것이라면 불필요하다는 거야. 그런데 대체로 주민은 개발에 대해 무조건 찬성하는 경향이 높아. 왜냐하면 아주 낙후되어 있기 때문이지. 그러니까 당연히 찬성을 하는 거야. 그러나 개발에 따른 이익은 별로 없어. 어느 지역에 골프장이 들어선다고 해 봐. 땅을 가진 사람은 땅값이 올라가니까 이익이 있을 수 있지만, 대부분의 지역 주민은 오히려 농약 피해나 물 부족으로 고생하게 되지.

아빠가 생태운동을 하면서 가장 큰 어려움이 바로 이런 점이야. 생태계가 아주 우수한 지역이 있는데 지역 주민이 개발을 찬성하면 어떻게 할 수가 없어. 그런데 지역 주민이 개발을 반대하면 개발이 쉽지 않아. 결국 그 생태계와 함께 살고 있는 주민의 생각이 어떤 것이냐에 따라 상당한 영향을 미친다는 것이야.

이 지역에는 나이가 많은 분들이 주로 살고 있어. 앞으로 젊은 사람들이 들어와서 살 가능성도 없고. 대부분의 젊은 사람들은 도시에 나가 살고 있잖니. 그러다보니 도시는 인구과잉으로 인해 교육, 복지, 교통, 환경문제 등이 심각하게 발생하지만, 대신 농촌은 비전 vision 이 없는 거야. 연세가 많은 분들이 돌아가시면 앞으로 대를 이어 농촌을 지킬 사람들이 없다는 거지. 그러다 보면 좋은 환경을 지켜야 할 의무나 책임이 없어지고 말아. 아빠 생각으로는 이 점이 아주 중요하다고 생각해. 사실 생태계를 보전하는 것은 사람들이 함께 살면서 지켜지는 게 중요하거든. 그 소중함을 지역 주민이 알고 있어야 한다는 거야.

　　잘 생각해봐. 대부분의 농촌은 지역이 아주 넓어. 그리고 주거지는 마을 단위로 이루어져 있지. 개발도 마을 단위로 한다면 중요한 생태계를 파괴하지 않을 수 있어. 이런 점을 충분히 고려한다면 흔히 말하는 난개발이 아니라 좋은 개발을 할 수 있는 거야.

그렇다면 지역 주민이 앞장서서 생태계를 잘 보전하도록 해야겠네요?

　　그렇지. 물론 지역 주민에게만 맡긴다는 것은 아니야. 지역 주민이 생태계를 잘 보전할 수 있도록 지원도 하고 연구도 해야겠지. DMZ 일원지역에서는 멧돼지 등 야생동물들이 농작물 피해를 많이 입히고 있기 때문에 이런 문제에 대해서는 지원도 하고 방지책도 세워야 해. 그러나 반대로 이런 문제도 있어. 농사를 짓기에 부적절한 곳을 개간하면 문제가 되지.

　　민통선 이북지역의 영농은 입주영농과 출입영농으로 구분해. 입주영농은 그 지역에서 살면서 인근에 농사를 짓는 것을 말하고, 출입영농은 민통선 이북지역에서 농사를 짓지만 그 지역에서 살지 않고 농경지로 출퇴근하는 것을 말해. 입주영농으로는 파주시의 대성동마을, 통일촌, 해마루촌, 연천군 횡산리의 민북마을 등이 있고, 강원도는 철원군에 있어. 파주시의 민통선 이북지역 출입·입주영농의 농지면적은 42,527,100km²이고 주로 인삼과 콩을 재배하고 있어. 연천군은 농지면적이 32,293,800km²로 민통선지역 내의 산 기슭에 콩, 깨, 율무, 고추, 인삼 등을 대단위 면적으로 재배하고 있어.

이런 지역에 농사를 짓게 되면 계곡 침식이 일어나면서 생태계가 훼손돼. 또 농경지를 보호하기 위해 계곡이나 작은 하천 주변으로 큰 면적의 제방을 쌓는 등 인위적인 행위를 하게 되지. 게다가 이 지역은 알다시피 사람들의 출입이 자유롭지 못한 지역이잖아. 그러다 보니 정부가 일일이 관리하기도 어려워. 이런 점을 이용해서 사람들이 농사를 지어서는 안 되는 지역을 개간하거나 각종 화학비료와 농약을 사용해서 하천수질오염 등 생태계를 훼손하는 일들이 벌어지는 거야.

그렇다고 농민들에게 무조건 하지 말라고만 해서는 변하지 않겠지. 정부가 관리제도도 만들고, 생태계 파괴를 막을 대책과 함께 환경오염을 덜 일으키는 유기질 비료를 지원하거나 친환경농업을 할 수 있는 기반을 제공하는 등의 방안도 함께 만들어서 농민들을 이해시켜야 해. 그렇게 하는 것이 환경과 생태계를 보전하면서도 주민이 잘 살 수 있도록 돕는 방법이야. 인내심을 갖고 설득하고 대화하면서 필요성을 인정하게 하는 거지.

흔히 환경분쟁이 발생하는 지역을 보면 이런 노력들을 기울이지 않아. 일방적으로 밀어붙이려고만 하니까 갈등이 생기는 거란다. 너도 공부만 하라고 하면 반발하잖아. 놀고도 싶고, 음악도 듣고 싶고, 컴퓨터 게임도 하고 싶

민통선지역이 농지. 규제만으로 환경문제를 해결하기에는 한계가 있다. 충분히 동의하지 않는 조건에서 규제가 강하면 주민은 반발하게 된다. 끝없는 갈등이 생기면서 환경보전에 어려움이 따른다. 친환경농업을 할 수 있도록 지원하고 도와주어야 한다. 주민에게도 이익이 되고 환경도 보전하는 상생이 되어야 한다.

은데 공부 얘기만 하면 짜증이 나지. 그럴 때 대화를 해야 해. 너무 피곤하니까 좀 쉬고 싶다고 하던가, 게임을 하겠다고 하던가 말이야. 서로의 생각을 이야기하면서 소통해야 하는 것이지. 소통이 안 되면 싸우게 되잖아. 싸움의 결론은 뻔해. 어떤 결론이 나더라도 서로 인정하기가 쉽지 않고 나쁜 사이가 되는 거야. 주민의 고통도 듣고 또 주민이 지켜야할 규칙도 설명하면서 하나하나 문제를 풀어 가면 좋은 결과를 만들 수 있지 않을까.

주민에게 이익도 되고 생태계도 보전하는 방법을 많이 준비하고 연구해야 하겠네요.

그렇지. 주민 역시 그런 연구가 자신들의 생활에 중요하다고 생각해야 하지. 아빠가 자주 집을 비우고 지역을 많이 다녀서 너에게는 대단히 미안하지만, 아빠가 생태계만 보기 위해 가는 것은 아니란다. 지역에 사는 사람들에 대한 관심도 많아. 요즘 지역에 가면 가장 많이 보이는 것이 지역에 맞는 경제활동을 한다는 거야. 지역에서 나오는 특산물이나 좋은 관광지나 유적지를 이용해서 지역 주민이 경제활동을 한다는 거지. 자기 지역의 특성을 잘 살리면 많은 사람들이 호응하고 자주 찾게 되니까.

요즘 생태관광이 유행이잖아. 도시에 사는 많은 사람들은 이제 가장 자연스럽고 지역적인 특성이 살아 있는 곳을 좋아하거든. 한 번 생각해봐. 서울을 중심으로 5~6시간이면 우리나라 어디든 대부분을 갈 수 있어. 그런데 DMZ가 있는 이 지역은 생태관광자원이 가장 풍부한 곳이잖아. 사람들이 많이 찾아가지 않겠니? DMZ 동부지역에는 동해의 바다와 설악산 등 고준한 산이 있고, 중부는 드넓은 평야, 서부는 한강과 서해의 바다가 있어. 그리고 무엇보다 개발되지 않아 자연 그대로 남아 있는 지역이 많지. 이를 잘 활용해야 한다는 거야.

아빠와 함께 연구소에서 일했던 황호섭 아저씨는 몇 해 전부터 인제군에 있는 '한국DMZ평화생명동산'이라는 교육센터에서 일하기 위해 가족과 함께 이사를 했어. 얼마 전에 아빠가 그곳을 다녀왔는데, 어린이부터 어른들까지 많은 사람들이 그곳을 방문해 생명과 평화 교육을 받기도 하고 지역을 탐방하고 간다고 해.

아빠 얘기를 듣다 보니, 환경수업시간에 들었던 '지표종'이란 말이 생각나요. 정확한 의미도 알고 싶어요.

재미있는 이야기를 하나 해줄까? 아빠가 몇 해 전에 국제환경단체들을 방문하기 위해 영국에 간 적이 있어. 그런데 이곳에서 만난 사람들이 새에 대해 너무나 잘 아는 거야. 한마디로 새에 대해서는 박사야. 새를 잘 아는 이유가 뭐냐고 물었더니, 옛날 영국 귀족들은 토지나 재산이 많아 크게 할 일이 없어서 새를 보러 다녔대. 그래서 새 박사가 많이 생겼다는 거야.

사실인지는 알 수 없지만, 영국은 새를 굉장히 중요하게 여겨. 새를 환경적인 측면에서는 지표종으로 보고 있지. 지표종 indicator species 은 특정지역의 환경이나 생태계를 측정할 수 있는 지표가 되는 생물을 말하는 거야. 다시 말해 생태계가 건강한가, 건강하지 못한가를 판단하는 기준이지. 이와 유사한 의미인 깃대종flagship species은 생태계의 다양한 종 가운데 중요하다고 생각하는 종을 말하지. 중요하기 때문에 보호해야 할 필요가 있다고 판단하는 생물종을 말해. 새가 지표종의 의미를 갖는 것은 먹이사슬 구조에서 상위에 속하고, 새가 살고 있느냐 없느냐는 그 지역의 생태계가 새가 살 수 있는 먹이가 많고 조건이 잘 갖추어 있느냐 없느냐를 구별할 수 있기 때문이야. 그래서 특정한 새가 서식하거나 도래한다면 그 지역의 생태계가 건강하다는 것을 입증해주는 것이지.

DMZ 일원지역은 원래 두루미 서식지로는 적격이었단다. 두루미는 지표종이자 깃대종이었지. 그만큼 이 지역의 생태계가 건강하다는 의미야. 그런데 지금 개발로 많이 훼손되고 있어. 앞에서도 설명했지만 두루미는 우리나라 철원평야, 파주시, 연천군, 강화도에 매년 10월 말에 찾아와 3월 중순까지 머물다 떠나. 과거에는 북한의 백천, 옹진, 연안과 남한의 서산, 당진, 예산, 청주, 진천, 음성, 진도, 강진, 해남, 완도, 장흥, 고흥 등 내륙과 해안지역에 두루 있었다고 해. 하지만 한국전쟁 이후에는 DMZ 일원지역에서만 주로 관찰되고 있지. 최근에 철원평야에 가장 많은 두루미가 월동을 하는데, 매년 600~800여 마리가 관찰되고 있어. 군남 홍수조절댐이 있는 연천군 임진강 주변에는 80~150여 마리가 관찰된다고 해. 전 세계 2,500여 마리 중 약 34% 정도가 DMZ 일원지역에 서식하는 거지.

창공을 나는 저 아름다운 새가 멸종되고 없다면 사람들은 무슨 상상을 할 수 있을까? 노래, 그림, 시, 소설 등 예술의 감수성과 인류가 혜택을 누리고 있는 과학, 의학 발전의 원천은 자연이다. 하늘을 나는 새를 보고 비행기를 만들었다. 식물의 원액을 추출하여 암치료약을 개발하고 있다. 자연이 주는 혜택을 위해서라도 자연과 공존해야 한다.

확실히 알겠네요. 그러면 두루미가 잘 살 수 있도록 보전하고 있는 건가요?

아니, 문제가 생겼어. 연천군 군남 홍수조절댐은 2003년 계획수립 당시 2012년 말까지 공사를 마칠 예정이었는데, 북한이 2009년 임진강 상류에 건설한 황강댐(저수용량 3억~4억t)의 담수를 시작하면서 무단 방류 등을 우려해 당초 계획보다 1년 6개월가량 앞당겨 2010년 6월에 완공하게 됐지. 홍수를 조절하는 댐이라 원래 물을 담아두지 않는데, 여러 이유로 댐에 물을 담기로 결정되었어. 그런데 담수를 하게 되면 이곳 두루미 서식지가 대부분 물에 잠기고 말아. 결국 두루미는 쫓겨나게 된 거지.

두루미의 수난은 여기서 끝이 아니란다. 철원군이 추진하고 있는 개발 때문에 우리나라 최대 두루미 서식지도 크게 위협받고 있지. 이 지역은 남북교류를 위해 대규모 개발 사업이 계획되어 있어. 월정리역 주변의 철원평화·문화광장 조성사업으로 21만 6,595m², 철원 평화시 건설 사업으로 6만 6,000km², 철원평화산업단지 조성사업으로 1만 1,220km², 경원선 철도 복원사업 등 대규모의 토지이용을 동반한 사업이 추진되고 있어. 특히 철원 평화시와 평화산업단지를 조성하기 위한 면적은 7만 7,220km²에 이르는 엄청난 규모야. 이런 사업이 진행되면 두루미의 생존은 크게 위협받을 것이 분명해. 그래서 두루미를 보전하기 위해서는 개발예정지를 축소하거나 두루미 서식지 보호구역을 지정할 필요가 있단다.

이외에도 민통선지역의 토지규제가 축소되면서 이 지역의 생태계 훼손 가능성이 높아졌지. 2007년 12월 국방부에 의해 '군사기지및군사시설보호법'이 제정·공포되었단다. 이에 따라 민통선은 기존에는 군사분계선으로부터 15km 이내였는데 10km 이내로 축소되었어. 여의도의 75배에 이르는 면적이 민통선의 통제보호구역에서 제한보호구역으로 변경된 거야.

축소되는 면적 중 1·2등급 지역은 여의도의 59.6배에 이르고 있어서 민통선 해제지역의 중요한 생태계가 개발의 위험에 노출된 거지. 2009년 12월 '남북교류·접경권 초광역개발 기본구상'에 따르면, 강화~고성까지 총 495km의 민통선지역을 자전거길인 평화누리길로 연결하고, 251km 구간의 동서 녹색평화도로를 연결하는 등 각종 개발이 진행될 예정이야. 이렇게 대책 없이 개발이 진행되면 생태계를 보전하기는 결코 쉽지 않아. 개발과 보전의 조화가 절실히 필요해.

정말 쉽지 않네요. 지금까지 아빠와 DMZ 얘기를 나누면서 그동안 제대로 몰랐던 이야기들을 듣게 돼서 뭔가 개운해진 느낌도 드는데 마음은 무겁네요.

그래. 이제 서서히 얘기를 마무리할 때가 왔구나. 지금까지 우리가 많은 이야기를 나눴지. 이렇게 많은 이야기를 할 수밖에 없는 건 DMZ가 무척 특수한 공간이기 때문이란다. 이제 너도 충분히 이해할 거라고 생각한다.

아빠는 남북이 함께 전쟁이 없는 평화의 길로, 생태계와 생명을 보전하는 길로 나아가야 한다고 생각해. 그러기 위해서는 우리 모두 인내심이 필요하다고 봐. 남북한이 반세기 동안 서로 으르렁거렸는데 어느 날 갑자기 웃고 친한 사이가 되겠어? 자꾸 대화하면서 진지하게 머리를 맞대고 서로의 생각에 대한 차이를 좁혀가는 노력과 시간이 필요한 거지. 그 과정에서 첨예하게 맞서고 있는 이 DMZ 일원지역에 평화를 찾아가는 작은 실천들을 함께하자는 거야. 평화를 찾아가는 작은 실천의 하나로 DMZ 생태계를 공동으로 보전하는 일이 의미있는 첫발이 될 수도 있어.

자, 우리 이제 다시 마음을 추스리고 DMZ의 미래를 구상해 볼까. 먼저 목표를 세워야겠지. 너도 공부하거나 다른 것을 할 때 어떤 목표를 세우잖아. 우선 DMZ 일원지역의 생태계를 잘 보전하기 위해서는 시간을 충분히 갖고 계획을 세우는 장기적인 목표와 지금 시급히 해야 하는 단기적인 목표를 구분해서 생각할 필요가 있어.

장기적으로는 남북한이 서로 협력해서 DMZ의 생태계가 훼손되지 않도록 잘 보전하면서 개발과 보전을 조화롭게 해야 해. 단기적으로는 남한이라도 먼저 시급하게 보전해야 할 지역을 지정하여 우선 보호하거나 보전해야 해. DMZ 생태계 보전의 본질적인 목표는 현재 우수한 생태계와 생물다양성이 훼손되지 않고 온전하게 보전되어야 한다는 거야. 이에 가장 적합한 법과 제도가 적용되어야 해. 필요하다면 새로운 법을 만들어야 하지. 'DMZ 일원지역 생태계보전 특별법' 같은 법을 만들 수 있을 거야.

또한 무분별한 개발을 막고 현명한 이용을 하기 위해서는 먼저 보전지역을 지정하고 나중에 필요한 지역의 개발을 허용하는 '선 보전지역 지정과 후 해제개발'의 원칙을 정해야 한다는 거지. 지금은 보전지역을 생각하지 않고 개발 계획이 우선되는 경우가 많다 보니, 정작 중요하게 보전해야 할 가치가 높은 생태계 지역들이 파괴되고 생명들이 사라지고 있는 거야. 물론 지금까지는 많은 훼손이 있었다고는 할 수 없지. 그러나 앞으로가 중요해. 지금의 흐름대로라면 많은 지역이 훼손되고 파괴될 수 있기 때문이야. 생태계가 우수한 DMZ 일원지역을 우선 넓게 보전지역으로 지정하고, 이후에 개발이 필요하다면 지속가능한 개발을 해야 한다는 것이지. 보전과 개발을 통합적으로 관리해야 해. 현재와 같이 개발 계획은 구체적으로 진행되고 있는데 보전 계획은 잘 수립되어 있지 않은 상태가 유지되는 건 큰 문제야.

그리고 이러한 목표가 제대로 실현되기 위해서는 기준을 만들어야 해. 관련된 사람들이 충분히 대화하고 논의하여 계획을 세워야 하겠지. 정부나 주민, 환경단체들을 포함해서 국민들이 합의를 이루는 것이 중요해. 나아가서 남북한이 합의를 하면 일이 순조롭게 잘 진행될 수 있을 거야. DMZ 일원지역의 보전을 위해 먼저 현재 생태계를 잘 유지하겠다는 원칙과 모두가 참여하고 협의하겠다는 원칙, 개발과 보전을 통합하겠다는 원칙을 세워야 해. 이 지역의 생태계는 다른 지역으로 대체할 수 없는 한반도의 중요한 생태계의 자산이야. 그렇기 때문에 자연생태계를 최대한 보전해야 하고 개발은 최소화해야 하지. 이를 이루기 위해서는 사회적 합의와 이해관계가의 폭넓은 참여를 통해 보전과 현명한 이용을 잘 조화시켜야 해.

그리고 향후 10년 정도를 내다보고 구체적인 계획을 세워야 한다고 봐. 앞서 얘기했지만 남북한 관계가 화해와 협력의 방향으로 흐르다 최근 악화되고 있기 때문에 이를 예측하기는 쉽지가 않아. 물론 꼭 10년을 목표로 할 필요는 없지. 더 빨라질 수도 있고 더 늦어질 수도 있어. 다만, 우리가 목표를 세우는 이유는 여러 가지 제약조건을 넘어서는 최대한의 노력을 하겠다는 의

지란다. 그렇다고 조급하게 계획을 세우면 잘 지켜질 수가 없어. 특히 중요한 것은 남북관계의 변화에 따라 영향을 받는 지역과 남한정부나 국민의 의지에 따라 진행할 수 있는 남한지역에 대한 계획을 구분해서 추진해야 한다는 거야.

그러면 어떤 단계로 계획을 세우면 좋을까? 아빠가 생각했던 3단계를 이야기해줄게. 첫 번째 단계는 남한 단독으로 할 수 있는 일을 먼저 하는 거야. DMZ 일원지역의 생태계에 대해 정밀한 조사를 진행하고, 특별히 보호가 시급하다고 판단하는 지역은 보전지역으로 지정하는 거야. 다음 단계는 DMZ 일원지역에 대해 중요한 생태계를 넓게 보전지역으로 지정하는 거야. 제도도 마련하고 말이야. 이 시기에는 남북한이 점차 대화의 장을 만들어 가야겠지. 대화를 통해 DMZ 일부지역을 남북한이 공동으로 관리하는 생태계 보전지역을 만들 수 있다고 생각해. 마지막 단계에서는 남북한 공동 보전지역 계획을 수립하고, DMZ를 항구적인 생명평화지대로 선포하는 거야.

어때, 이런 단계라면 희망을 가질 수 있지 않을까?

DMZ가 생명평화지대로 선포되는 날을 상상하니 기분이 너무 좋아요. 희망을 가져볼래요. 앞으로 저희 세대가 살아갈 땅이잖아요.

맞아. 그리고 보전지역을 지정할 때 국내 제도를 이용할 수도 있고, 국제적인 관례를 이용할 수도 있어. 이 지역이 특수하니까 국제적인 관례가 더 어울릴 수 있겠구나. 그러면 국제적으로 많은 전문가들이 참여해서 좋은 의견을 낼 수도 있으니까 말이야.

　일반적으로 보전지역**protected area**은 '생물다양성과 자연, 그리고 자연과 연계된 문화를 보호하기 위해 효과적인 수단으로 특별히 관리되는 육상 또는 해양의 일정한 구역'을 말해. 국제자연보전연맹**IUCN**은 이 지역을 여러 나라의 경험을 기초로 해서 6개의 범주로 나누었어. 이 중에서 생태적 보전가치가 높은 지역에 대해서는 어떠한 종류의 개발도 허용하지 않는 '생태계절대보전지역'으로 설정한단다. 이 지역은 생물다양성 보호 차원에서 매우 중요하기 때문에, 보전 및 관리에 관한 사항을 법률로 만들지. 최근 바뀐 국제자연보전연맹의 보호구역지정에 대한 새로운 패러다임을 보면 DMZ 일원지역의 보전방안 수립에 적절하다고 할 수 있어.

　과거에는 정부가 나서 획일적으로 보전지역을 지정하다 보니 빈번하게 지역 주민의 이해와 충돌하고 갈등이 생기면서 결국 무산되고 말았지. 그렇기 때문에 보전지역을 지정할 때는 지역 주민의 의견을 충분히 듣고 반영해야만 해. 결국 관련된 다양한 이해 당사자들의 참여와 합의가 보전 전략과 계획 수립의 관건이라 할 수 있지.

결국 법을 만들어야 하지 않을까요?

　그렇지. 그런데 법을 만드는 것도 중요하지만 그 과정이 더 중요해. 절차나 과정을 잘 밟아가야 하지. 그동안 DMZ 일원지역의 보전을 위해 'DMZ 일원지역생태계보전특별법' 등과 같은 법을 만들자는 제안이 많았어. 특히 접경지역지원법에는 DMZ 일원지역의 생태계보전계획을 수립할 의무가 명시되어 있기는 하지만 한계가 너무 많단다. 이 법이 개발을 위한 법이기 때문이야. 특히 접경지역지원법은 상위법인 군사시설보호법으로 인해 영향을 받기 때문에 적절한 보전대책을 수립할 수 없어. 그러다 보니 단지 군사적인 목적 때문에 개발행위가 제한되어 있을 뿐이지, 적극적으로 보전대책을 만들수 없다는 거야. 그래서 DMZ 일원지역의 자연생태계를 보호하고, 자연생태계 보전에 필요한 조치와 여러 기관의 역할 등을 규정하는 'DMZ 일원지역 생태계보전특별법'을 만들도록 해야 한다는 것이지. DMZ 일원지역을 통합적으로 보전할 수 있는 법이 필요해.

먼저, 이 지역을 보호해야 할 목적과 기준을 만들어야 해. 이 과정에서 제일 중요한 것은 이해당사자들의 의견과 참여를 원활히 하고 요구사항을 적극 수용할 수 있도록 하는 거지. 이런 과정을 통해 이 지역을 보전하기 위한 최선이자 최상의 법을 함께 만들어나가야 하는 거야.

이 지역은 남북관계가 많은 영향을 미치잖아요.

당연하지. 남북관계는 워낙 민감하고 변화가 많기 때문에 단정적으로 규정할 수는 없단다. 그러나 희망을 가져야지. 이 대립상태가 지속된다고 생각하면 안 돼. 대립을 끝내고 새로운 관계로 나아가야 한다는 목표를 갖고 우리가 계획을 세워야 해. 너도 어려운 수학문제나 물리문제를 지금 풀지 못한다고 해서 앞으로도 풀지 못할 거라고 포기하면 안 되잖아. 계속 노력해서 더 어려운 문제도 풀 수 있다는 자신감을 가지고 계획을 세워야지. 그래서 상황 판단을 잘하고 단계를 잘 구분해서 계획을 세워야 하는 거야.

결국 북한지역을 포함한 DMZ 일원지역에 대한 보전은 남북관계의 변화를 잘 반영해서 단계적으로 접근해야만 해. 그리고 남북회담에 환경문제를 논의하는 자리를 만들어야 하지. 남한은 DMZ를 남북한 공동 생물권보전지역으로 지정하자고 북한에 제의하고 있지만 북한은 아직 그럴 생각도, 자세도 없어. 경제적 문제가 심각하고 북미 평화협정체결을 최우선으로 삼고 있는 북한 입장에서 이 지역을 보전하자는 주장은 아직 관심 영역이 아니기 때문이야. 그러니까 남한지역만이라도 먼저 보전정책을 수립하고 시행하면서 '우리가 이렇게 하니까 좋더라.' 하는 모습을 자꾸 보여주어야 한다는 거지.

너도 친구들과 친하게 지내려면 먼저 모범을 보여야 하잖아. 생일도 챙겨주고 어려움이 있으면 고민도 들어주고 말이야. 공부를 친구보다 잘한다고 거만하게 굴고 좋은 것을 가지고 있다고 없는 친구를 무시한다면 그 친구가 너를 좋아하겠니. '그래, 너 잘났다'라고 생각할 거 아냐. 사회관계도 똑같아. 재산이 많은 사람은 없는 사람을 배려해야 하고, 많이 아는 사람은 모르는 사람을 고려해야 해.

나라와 나라 관계도 마찬가지지. 자연에 대해서도 인간은 한없이 겸손해야 해. 우리가 숨 쉬는 공기, 식량, 먹는 물, 사는 집 모두 어디에서 오지? 자연이지. 나무가 없다면 우리가 어떻게 맑은 공기를 마실 수 있겠니. 강에 흐르는 물이 없다면 물을 어떻게 마실 수 있겠니. 그러니까 자연에게 고마워하고 자연과 친구처럼 지내야 하는 거야. 그래야만 평화가 올 수 있어.

남북관계가 좋아진다고 이 지역 생태계가 보전되는 건 아니라면서요.

맞아. 지금처럼 별다른 대책이 없다면 남북관계가 좋아질수록 이 지역의 생태계는 위협받게 되어 있지. 남북한의 관계가 좋아진다면 가장 먼저 경제협력을 하게 될 거고, 그렇게 되면 개성공단처럼 대규모 남북합작공단 등 산업시설이나 휴양시설 등이 들어서겠지. 또 도로와 철도도 늘어날 테고. 설사 한반도가 긴장이 사라지는 축복의 시간을 맞이하더라도 자칫 개발이 넘쳐나는 시기가 될 수도 있지. DMZ 일원지역의 생태계 보전에는 아주 위협적일 수 있어.

또 이 지역들은 군사보호지역으로 규제를 받고 있는데, 남북관계가 좋아지면 남북한 모두 군사력을 줄이는 방향으로 가게 될 거야. 특히 이 지역의 군사력은 줄어들 가능성이 높아. 군사적 규세가 풀리면 개발 세획이 지금보다 훨씬 늘어나겠지. 이렇게 해서는 이 중요한 생태계 자원이 남아날 수 없어. 그렇기 때문에 사전에 보전 계획을 철저히 세워야 해.

다가올 한반도 평화시대를 위해 지금부터 하나씩 준비를 해나가야 한다는 거죠. 저는 괜히 마음이 급해지네요.

차근차근 준비하면 돼. 먼저 사람들이 함께 모이는 자리부터 만들어가는 게 시작이야. 보전에 관심이 많은 사람이든 개발을 우선하는 사람이든, 서로의 의견을 잘 듣고 반영하면서 하나하나 만들어가는 거야. 이것이 민주주

미래 세대의 평화기행. 환경은 미래다. 평화도 미래다. 미래 세대에게 이 아름다운 자산을 물려주기 위해서는 전쟁과 개발의 위협에서 우리 모두 벗어나야 한다. 생명은 땅 위에 나서 자라고 다시 그 위에 뿌려진다. 그리고 새로운 생명을 잉태한다. 이 순환이 땅의 가르침이다. 전쟁으로 갈라진 땅을 잇고 폐허 속에 새롭게 움튼 생명들이 온누리에 넘치는 평화의 봄을 기다린다.

의야. 어떤 문제든 찬성도 있고 반대도 있는 거야. 중요한 건 과정을 잘 밟아 가야 하는 거지.

아빠가 잘 살고 환경도 잘 보전하고 평화로운 나라들을 방문해 보면 하나같이 이런 절차를 잘 지키고 있었어. 그냥 정부가 계획을 세우고 일방적으로 추진하는 것이 아니라, 다양한 의견을 귀담아 듣고 잘 반영하지. 그리고 시간을 충분히 갖고 논의를 해. 계획도 꼼꼼히 검토하고 말이야. 그러다 보니 실제 일이 시작되었을 때 시행착오 없이 잘 진행되는 거야.

그런데 우리는 계획을 부실하게 세우고 남의 말을 잘 듣지 않고 빨리빨리 추진하다 보니 문제가 많이 발생하잖아. 일을 진행하는 과정에서 갈등도 많지. 계획이 부실하니까 수정해야 하고. 이렇게 되면 돈도 많이 들고 시간도 오래 걸리게 되는 거야.

이건 좀 다른 얘기지만, 요즘 일자리가 부족해서 취업이 잘 안 되는데 생태계 보전을 위한 일자리를 만드는 것도 좋지 않겠니. 산업시설과 공장을 많이 지어야만 고용이 늘어난다고 생각하면 안 되지. 요즈음은 전문가 시대잖니. 또 이런 일이 늘어나면 지역 주민이 할 일이 많이 생겨. 아빠가 지역을 방문하다 보면 지역의 환경이나 생태계에 대해서는 지역에서 오랫동안 살아왔던 주민이 가장 많이 알지. 이것은 학자나 전문가들도 인정하는 거야. 그러니까 이런 일에 대해서는 지역 주민이 아주 중추적인 역할을 할 수 있는 거지. 좋은 일이잖아. 생태계 보전을 위해 지역 주민이 참여하고 조사하고 스스로가 보전의 필요성을 인정하게 되면 이것이야말로 윈-윈 win-win 이지.

그런데 윈-윈보다 더 좋은 말이 있어. 윈-윈은 서로 이긴다는 말로 싸움, 경쟁, 이런 말들이 연상되잖니. 그리고 상대가 적이거나 경쟁자가 되어야 하지. 그런데 공생 共生, 상생 相生 이라는 말이 있어. 자연이나 사회에 적용해 보면 이런 말들이 더 어울린다고 아빠는 생각해. 특히 인간과 자연과의 관계, 생태계를 보면 이 말이 더 적합하다고 할 수 있지. 공생은 서로 도우며 함께 산다는 말이고, 상생은 서로 도움을 주면서 조화를 이룬다는 말이야. 이기는 것이 아니라 서로 돕고 함께 살며 조화를 이루는 거야. 자연 없이 어떤 생명도 살 수 없다면, 그 속에 살고 있는 다른 종들은 공생과 상생해야만 하지 않겠니.

언젠가 남북한의 긴장이 해소되고 항구적인 평화관계로 전환되는 시기가 올 거야. 남북한이 종전체제를 끝내고 평화체제에 합의하는 그 날 말이야. 이렇게 된다면 DMZ는 국제적으로 평화를 상징하는 생명지대가 될 수 있어. 세계 생명평화공원으로 선언하는 거야. 그 날을 위해 아빠도, 너도, 우리 모두 열심히 준비하고 노력해 보자.

맺는 글

아빠, 얘기 잘 들었어요. 물론 다 이해했다고 할 수는 없지만, 잘 몰랐던 내용을 알게 되어 기뻐요. 그리고 남북한도 빨리 좋은 관계로 발전했으면 해요. 한편으로는 부담도 있어요. DMZ에 대한 관심도 있어야 하겠고, 보전이 잘 되어야 할 텐데 걱정이 앞서요. 저는 아직 어리니까 천천히 생각하면 되지만, 많은 사람들은 일상생활로 바쁘잖아요. 이런 문제들을 계속 생각만 하고 있으면 안 된다고 생각해요. 많은 사람들이 관심을 갖고 참여했으면 좋겠어요.

너에게 어떤 부담을 주기 위해 긴 얘기를 한 것은 아니야. 그리고 아빠가 한 얘기를 다 기억하거나 머릿속에 담아야 한다고 생각하지도 않아. 물론 좋은 내용은 너가 성장하는 데 도움이 되었으면 하는 바람은 있지. 다만, 이것 하나만은 기억했으면 해. 자연을 대하는 태도 말이야. 머리로 이해하려고 하지 말고 가슴으로 느껴야 해. 사람들은 누구나 자연을 좋은 곳으로 알고 있어. 그러니까 휴일이나 휴가철이면 교통이 막혀도 가족들과 야외로 나가잖아. 자연을 통해 편안함도 찾고 안식을 얻는 것이지. 그런데 한 번쯤은 그런 자연에게 고마움을 느껴야 한다고 생각해. 그리고 그런 자연이 멀리 있는 것이 아니라 나와 매우 가까이 있다는 생각을 해야 해. 그러면 생각보다 많은 환경문제들을 해결할 수 있을 거야.

남북문제도 똑같아. 우리가 생활하는 일상에서는 남북문제가 중요하다고 생각되거나 잘 보이지 않아. 그렇지만 사실 우리 삶의 모든 부분과 연결되어 있어. 영향을 받는다는 말이지. 그러니까 남북관계를 바라보는 태도 역시 좋은 방향으로 이해하려고 노력해야 해. 평화를 지키고 생태계를 보전하는 것이 생각처럼 쉬운 것은 결코 아니야. 그렇지만 이 방향이 옳다는 것만은 확실하게 말할 수 있어. 그래서 아빠가 너와 긴 얘기를 나누게 된 거란다.

사실 DMZ 일원지역은 너희 세대와 매우 밀접하다고 할 수도 있단다. 전쟁이 난 지 반세기가 지났지만 아직 남북관계는 이렇다 할 변화가 없어. 매우 더딘 상황이지. 이 상태가 얼마나 계속될지는 더더욱 알 수 없어. 변화가 빠르게 올 수도 있지만, 그렇지 못할 수도 있어. 너희 세대가 우리 사회의 중추적인 역할을 할 때까지 큰 변화가 없을 수도 있다는 얘기야. 다시 말하면 너희 세대가 이 무거운 역사적 책임을 떠안을 수도 있어. 암울한 얘기지만 말이야.

그럴 때 너희 세대는 이 지역에 대해서도 해결책을 함께 제시해야만 하겠지. 물론 아빠는 지금의 남북관계가 대립상태로 더 이상 계속되어서는 안된다고 생각하고, 가능한 빠른 시간 안에 해결되기를 원해. 아니 해결되도록 노력해야 한다고 봐. 이런 다양한 관점을 너희 세대가 조금이나마 이해한다면 좋겠구나.

DMZ에 대해 아빠가 너에게 얘기하고자 했던 것은 크게 두 가지야. 하나는 전쟁과 평화에 대한 이야기였고, 다른 하나는 개발과 보전에 대한 이야기였지. 어느 것이 참된 길이고 미래의 길인지는 이제 너도 충분히 이해했으리라 생각해. 지금까지 우리 인류의 역사가 좋은 방향으로만 발전해 온 것은 아니야. 이유야 다양하지만 전쟁은 계속되었고, 지금도 지구촌에는 전쟁이 벌어지고 있으니까. 그러나 그 결과는 항상 참혹했어. 무수한 생명을 앗아가고, 삶을 파괴하고, 터전을 송두리째 사라지게 하잖아.

그런데 전쟁은 개발과 그 맥을 같이한다고도 할 수 있어. 자연의 공간으로 확장해보면 개발은 곧 자연과의 전쟁이야. 개발은 저항할 수 없는 생명들을 무참히 살육하고 그들의 삶의 터전을 송두리째 없애버리게 되지. 이런 면에서 보면 전쟁은 인류 간에 벌어지고 있는 개발이고, 개발은 자연에 대한 전쟁이라고 할 수 있지. 지나친 비약이 아니냐고 반문할지도 모르겠구나. 그렇지만 곰곰이 생각해보면 큰 차이가 없어. 전쟁을 일으키는 근본 원인이 뭘까. 더 많은 영토, 재물, 자원을 뺏기 위한 거잖아. 침략인 셈이지. 개발은 왜 하지? 더 많은 것을 소유하고 축적하기 위한 거지. 이 역시 침략이야. 이런 점에서 둘은 큰 차이가 없다고 보는 거야. 다만, 살기 위해 하는 다툼이나 생존을 위한 개발은 불가피하다 할 수도 있는 거지.

민족 간에 비극이 벌어졌던 DMZ 지역은 사람들이 보살피지 않아도 생명의 숨결이 저절로 살아나 이제는 고귀하고 소중한 공간이 되었어. 이는 자연이 우리에게 던져주는 가장 중요한 메시지야. 이 생명들을 보면서 더 이상 전쟁이 없고 평화가 넘치기를 바라야 해. 더 이상 사람들의 욕심으로 생명을 짓밟고 자연을 황폐화시키지 않아야 해. 이를 지키지 않았을 때는 큰 재앙이 있음을 경고하고 있는 거지. 전쟁과 개발보다는 평화와 생명이 숨 쉬는 공간으로 남아 있어야 한다고 말이야.

지구온난화, 기후변화 등 이미 자연은 지구에게 경고를 하고 있어. 더이상 무분별한 개발을 중단하라고 말이야. 그렇기 때문에 우리는 평화를 사랑하고 생명을 소중히 여겨야 해. 인류의 집인 지구를 보전하기 위해서는 앞으로는 방어적으로 살아야 해. 더 이상의 공격적인 파괴나 훼손은 우리 모두를 파멸시키고 말거야. 최대한의 욕망의 실현이 아니라 최소한의 필요에 의해 자연을 이용해야만 한다는 거지. 적어도 인류가 파멸의 길로 가지 않기 위해서는 말이야.

그래서 전쟁을 반대하고 평화를 지키는 것과 개발을 줄이고 생명을 지키는 것은 인내심과 헌신을 필요로 한단다.

저 넓은 철원평야에서 먹이를 찾다가 창공을 향해 솟구치는 재두루미의 고귀한 몸짓과 우아한 날갯짓을 보고 있노라면 감탄사가 절로 나지. 자연을 알려고 하고 이해하려고 노력하는 것도 중요해. 그러나 자연을 있는 그대로 가까이 지켜보는 마음, 그 감수성이 지금 우리에게 더 어울릴 거야.

저어새의 평화의 몸짓과 두루미의 생명의 날갯짓을 기대하며, 희망을 안고 아빠랑 함께 저 DMZ 땅을 보러 가지 않을래?

함께 사는 세상을 이루기 위하여

정성헌(한국 DMZ 평화생명동산 이사장)

사람과 사람이 함께 잘 사는 세상.

남한과 북한 사람이 함께 잘 사는 세상.

사람과 자연이 함께 어우러져 잘 사는 세상.

이런 세상을 만들기 위해 박진섭 생태지평연구소 부소장은 이 책을 썼다.

그는 20여 년 세월을 '함께 잘 사는 세상'을 만들기 위해

열심히 '말하고, 쓰고' 줄기차게 '행동' 해온 사람이다.

우리에게 DMZ, 비무장지대가 어떤 곳인가.

한반도의 허리를 두 동강 낸, 갈 수 없는 땅 아닌가.

갈라짐은 온갖 고통과 불행의 뿌리다.

사람과 사람의 갈라짐은 인간사회의 불행과 고통의 뿌리이다.

사람과 자연의 갈라짐은 우리 모두의 근본적인 문제이자 현대문명의 한계이다.

특히 남과 북의 갈라짐은 우리 겨레의 고통과 불행의 근원이다.

이 책에서 DMZ를 말하고자 하는 이유가 여기에 있다.

남과 북을 갈라놓은 DMZ가 왜 생겼으며, DMZ의 가치는 무엇이며,

어떻게 지켜야 하고 DMZ를 넘어 미래로 가기 위해서

우리가 무엇을 어떻게 해야 하는지를 그는 나지막하지만 분명하게 얘기하고 있다.

함께 잘 사는 세상!

이런 세상을 만들기 위해서는 우리 모두 생각을 바꿔야 한다.

내가 소중한 것처럼 너 또한 소중하다는 것을 알아야 한다.

사람 생명이 존엄한 것처럼 자연 생명, 뭇 생명 역시 존엄하다.

'내가 있기에 네가 있다'는 작은 앎과 함께

'네가 있기에 내가 있다'는 큰 앎이 있어야 한다.

'부자를 위해 가난한 사람이 있는 것'이 아니라

'가난한 이가 있기에 부자가 있는 것'을 깨닫고

'모두가 부와 가난을 뛰어넘을 넉넉함'이 우리 삶의 모습이 되어야 한다.

우리가 이룰 세상은 함께 잘 사는 세상이라 했다.

평화, 생명의 세상을 만들기 위해 통일을 이루고

사람과 자연이 서로 모시는 새로운 문명을 만들어가야 한다.

한 사람의 꿈은 몇 사람을 변화시킬 수 있다.

열 사람의 꿈은 한 마을을 바꿀 수 있다.

만 사람의 꿈은 세상을 바꿀 수 있다.

나는 이 책을 통해 많은 이들이 함께 꿈꿀 수 있기를 희망한다.

아름다운 낙원, 마지막 낙원 : 비무장지대의 평화로운 생태계 지키기

우석훈(생태경제학자)

    얼마 전 히로시마를 다녀온 적이 있다. 그곳에서 초등학생들의 농업교육을 구경할 일이 있었다. 보면서 문득 이런 생각이 들었다. 초등학교 안 혹은 학교 근처의 작은 텃밭에서 친구들과 같이 농사를 한 번이라도 지어본 어린이와 그렇지 않은 어린이가 살면서 가지게 될 자연에 대한 감상은 아주 다를 것이다. 인간의 감성이라는 게 그런 것이니까. 그런데 한국에서 초등학생이 우리가 주식으로 먹는 쌀 혹은 국수나 빵의 원료가 되는 밀을 한 번이라도 키워볼 기회를 갖기는 아주 어렵다.

    최근에 청소년들에게 콘크리트와 흙을 보고 둘 중의 어느 쪽에서 더 푸근한 감정을 느끼냐고 물은 적이 있다. 내가 물어본 청소년들은 십중팔구 콘크리트 쪽을 택했다. 흙은 더럽고 불결하다고 느끼지만, 건물에 사용하는 콘크리트는 하늘색, 분홍색 혹은 통유리와 같은 껍데기가 덧씌워져 있어서 더 편안하고 깨끗하다고 느끼는 것 같다. 아름다움에 대한 기준이 바뀐 셈이다. 그렇다면 이런 감성이 영원한 것일까? 나는 이 또한 일시적인 현상이라고 본다. 시대가 바뀌고 삶이 바뀌면 개인의 감성이나 아름다움의 기준 같은 것들도 바뀔 수 있다고 생각한다.

    하지만 비무장지대의 생태계는 아무리 오랫동안 콘크리트 건물의 평온함과 안락함에 길든 사람이라 하더라도 다시 생태적 감성을 느끼게 하는 강력한 힘을 가지고 있다. 전쟁과 한국 분단의 아픔 위에 아주 우연스럽게 보존된 이 자연의 경관은 보는 이로 하여금 이를 보존해서 후대 혹은 다음 세대에게 남겨주고 싶다는 생각을 갖게 하기 충분하다.

우리의 비무장지대는 생태계라는 눈으로 보면 가장 아름다운 낙원이고, 동시에 마지막 낙원이기도 하다. 전쟁의 폐허 위에 슬프게 피어올랐지만, 지금 아름다움의 절정기를 보내고 있는 중이다. 영화 〈황산벌〉에서 김유신 장군이 관창 등 젊은 화랑을 계백의 결사대 앞에 화살받이로 보내면서 이런 말을 했다.

"꽃은 화려할 때 지는 기야!"

비무장지대의 생태계도 가장 화려할 때 져야 하는가? 나는 이 작은 책이 기적을 만들 수 있으면 좋겠다. 지금의 비무장지대 생태계가 우리 손자들에게 전달될 수 있도록! 아름다운 낙원, 마지막 낙원이 실낙원의 애가가 되지 않도록! 기적을 바라는 심정이다. 그러나 나는 그 꿈을 이 책을 보면서 사람들과 같이 꾸고 싶어졌다.

우리들의 손자가 지금의 비무장지대를 어떻게 할지, 그 때의 상황을 우리가 미리 알 수는 없다. 그렇지만 그들에게 결정권을 주고 싶다. 우리들의 결정을 딱 50년만 뒤로 미루자는 사회적 합의, 그 꿈을 나는 이 책과 함께 꾸고 싶다.

아직 비무장지대를 한 번도 가보지 못했다면, 올해가 가기 전에 한 번쯤 꼭 들러보시기를 바란다.

생태운동가 아빠가 들려주는 DMZ의 생명과 평화 이야기

애들아, DMZ에서 공을 차자!

글쓴이 | 박진섭
펴낸이 | 곽미순 **책임편집** | 이은영 **디자인** | 김민서

펴낸곳 | 한울림 **편집** | 이은영 윤도경 김하나 김연정
디자인 | 김민서 김윤희 **마케팅** | 공태훈 심혜정 **관리** | 김영석
등록 | 1980년 2월 14일(제318-1980-000007호)
주소 | 서울시 영등포구 당산로54길 11 래미안당산1차A 상가
대표전화 | 02-2635-1400 **팩스** | 02-2635-1415
홈페이지 | www.inbumo.com **블로그** | blog.naver.com/hanulimkids

ⓒ 박진섭

1판 1쇄 발행 | 2011년 4월 5일
1판 6쇄 발행 | 2015년 11월 20일
ISBN 978-89-5827-055-3 43300

이 도서의 국립중앙도서관 출판시도서목록(CIP)은 e-CIP 홈페이지(http://www.nl.go.kr/ecip)에서 이용하실 수 있습니다.
(CIP제어번호: CIP2011001177)

*사진판권
17p, 33p, 40p, 53p 연합뉴스 | 23p 민중의 소리 | 35p 김대중도서관 | 57p, 65p 눈빛출판사 | 그 외 사진 생태지평연구소

잘못된 책은 바꾸어 드립니다.